揭开 房地产 法律之面纱

房地产与法十大关系百例分析

李国喜　著

中国政法大学出版社

2023·北京

前 言

　　笔者系部队转业干部、房地产专业律师，从事房地产管理工作20年。自2000年起，笔者先后在许昌市房管局、市住建局、市国土局和市自然资源规划局等房地产管理部门任职，曾为河南省住建厅房地产法律专家。2007年，笔者考取国家法律职业资格后，开始参加行政诉讼工作，并结合工作实际，运用民法学原理，重点研究房地产法律。

　　2008年是房地产市场的关键一年。《物权法》当时开始施行没多长时间，美国华尔街爆发了金融危机，虽然对我国房地产市场产生了极大影响，但是房价仍呈现波浪式上升。笔者密切关注房地产市场发展趋势，2008年到2016年连续在《许昌日报》的房地产版对90个典型案例（绝大多数为非诉讼案例）进行分析解读，收到了良好的社会效果。

　　2018年是房地产市场的分水岭。2008年到2018年，其间虽然经历了民间借贷风波，仍可以说是房地产市场发展的十年"黄金期"，房价一路攀升达到高峰。2019年起国家相继出台房地产宏观调控措施，"坚持房子是用来住的、不是用来炒的定位"，"不将房地产作为短期刺激经济的手段"，促使房地产市场走向了稳健的发展道路。

　　笔者在跟踪房地产市场发展走向的同时，继续关注相关领域立法进程。2019年《土地管理法》的修正和2020年《民法典》的制定，对我国的房地产市场和法治建设产生重大影响。2017年到2021年，笔者又收集了10个房地产典型案例，并在2021年进行了整理分析，重点解读房地产市场的焦点敏感问题。

　　本书分为上下两编。结合实际工作经验和房地产法律研究，笔者提出了房地产与法十大关系的论断，作为上编，将重新整理的 100 个房地产典型案例分析，作为下编，这在全国尚属首例。

上编是房地产法律理论方面的初步探讨，希望起到抛砖引玉之作用。房地产涉及法律问题广泛，笔者将其归纳为十大关系，既是对房地产相关法律的概括总结，又是对房地产市场发展的历史回顾，其间穿插法律轶事、房产奇闻、个人见解，以增强可读性。

下编是具体的案例分析，以案释法，明法析理。以往的案例分析模式分为【基本案情】和【法理精析】两个部分。由于时代变迁、法律变化，2022年，笔者根据最新法律法规对案情进行评论，增加【争点热评】作为第三部分，使结构更加合理。案例部分按照分析的时间顺序，由简到繁，由易到难依次排列，既顺应了广大读者的需求，又对房地产疑难案件提出了新的思考，适合普通民众和法律人士浏览阅读。

房地产法律研究如果离开了具体的实践和案例，如同空中楼阁。本书是房地产法律理论研究和实践相结合的一次尝试，难免有不当之处，敬请批评指正。

李国喜

2022 年 5 月 31 日

CONTENTS

目 录

下 编 100个房地产案例分析

上 编

房地产与法十大关系

研究房地产法理　学习房地产历史

上编是房地产法律理论方面的初步探讨，希望起到抛砖引玉之作用。房地产涉及法律问题广泛，笔者将其归纳为十大关系，既是对房地产相关法律的概括总结，又是对房地产市场发展的历史回顾，其间穿插法律轶事、房产奇闻、个人见解，以增强可读性。

一、房地产与《民法典》

    房地产在民法上习惯被称为不动产，而不动产的范围广泛得多，除了房屋和土地，还有桥梁、道路、码头、隧道、水坝等构筑物，甚至还包括树木，而房地产专指房屋和土地，明确清晰，符合房地产法律的相关规定，大众容易接受，所以本书使用房地产的叫法，而不使用不动产的称谓。当然涉及不动产的相关法律法规时，本书也使用不动产的说法。

    房地产业通俗地讲，是指房屋和土地的产业，房屋和土地作为一种特殊商品进入市场经济，就形成了房地产市场。由于我国是社会主义国家，自然就形成了中国特色的房地产市场经济，房屋和土地的种类和性质相对复杂，需要有相应的法律进行规范和调整，其中最重要的法律是物权法、合同法、婚姻法和继承法。这里所说的物权法、合同法、婚姻法、继承法并不是专指单行的《中华人民共和国物权法》（以下简称《物权法》）、《中华人民共和国合同法》（以下简称《合同法》）、《中华人民共和国婚姻法》（以下简称《婚姻法》）、《中华人民共和国继承法》（以下简称《继承法》），而是指涉及物权、合同、婚姻和继承的法律和法规，当然这种情形基本被《中华人民共和国民法典》（以下简称《民法典》）所覆盖。

    笔者突然想起了1804年的《法国民法典》。这部法典至今仍在使用，当然也在不断修改完善，它和罗马法、1896年的《德国民法典》构成大陆法系三大法律支柱。《法国民法典》最后审议的关键时刻，拿破仑亲自到国会督阵，才使得《法国民法典》顺利通过，成为《拿破仑民法典》，是国际民法典的开山之作。拿破仑曾经说过，我的一生因滑铁卢一战而毁于一旦，而我的民法典将永载史册！

　　2021 年 1 月 1 日起施行的《民法典》，是党和国家的一件大事，是我国立法史上的一座里程碑，几代人的愿望终于实现了。把先前的《物权法》《合同法》《婚姻法》《继承法》编纂到《民法典》中，成为《民法典》的重要内容，是大陆法系的规范做法。无财不成世界，有恒产才有恒心。《民法典》是社会的百科全书，也是自然人、法人和非法人组织财产的保障书。房地产是大多数民事主体的最大财富，受《民法典》的保护和调整。其中涉及房屋所有权和土地使用权的归属、离婚析产、继承遗赠、交易转让、抵押担保等，还涉及建筑物区分所有权、小区物业服务，甚至设立了不动产登记制度这一行政法调整的范围，内容之广不可尽述。可以说，房地产离不开《民法典》，《民法典》也离不开房地产，二者是内容和制度的两个方面。

　　《民法典》设立了不动产登记制度，而《中华人民共和国城市房地产管理法》（以下简称《城市房地产管理法》）设立了房地产登记发证制度，两者各有不同。下面我们分析房地产与《城市房地产管理法》。

二、房地产与《城市房地产管理法》

　　早期的房地产市场无序开发，人为炒作楼花，成为淘金者的乐园；后来乐极生悲，酿成1993年海南、广西北海房地产泡沫破灭的悲剧，出现了大片烂尾楼，给房地产市场敲响了警钟。房地产市场急需规范运作，1994年7月5日《城市房地产管理法》应运而生，自1995年1月1日起施行。

　　《城市房地产管理法》施行以来，经过2007年、2009年、2019年三次修改。第一次修改增加了房屋征收内容作为总则部分第6条，该法由原来的72条增至73条，与同年通过的《物权法》相呼应，为废止《城市房屋拆迁管理条例》、制定《国有土地上房屋征收与补偿条例》提供法律基础。第二次修改属于技术性修改。第三次修改则与《中华人民共和国土地管理法》（以下简称《土地管理法》）同步修改，在第9条增加"但法律另有规定的除外"，为集体经营性建设用地使用权入市提供法律依据。

　　《城市房地产管理法》第三次修改，好像忽略了不动产登记与《民法典》相统一的问题。2007年《物权法》就设立了不动产登记制度，规定人民政府应当建立统一的不动产登记机构，《民法典》基本继承了《物权法》的相关规定，而《城市房地产管理法》本次修改对此并没调整，土地使用权仍由县级以上人民政府颁发证书，房屋登记由县级以上人民政府房产管理部门登记并颁发证书。这两法存在差异，是立法技术上的细节问题。

　　2015年施行的《不动产登记暂行条例》和2016年施行的《不动产登记暂行条例实施细则》除规范不动产登记机构统一外，其他基本内容沿袭的是原建设部的《房屋登记办法》，房屋和土地信息怎样融合仍然是立法上的空白。笔者在此提倡科学立法，呼吁制定《不动产登记法》，并希望将其纳入立法规划。

　　市场经济有序发展的前提是有良好的法律制度作保障，"法治是最好的营商环境"。《城市房地产管理法》为房地产市场提供了重要的制度保障，一开始就创设了多种制度为房地产市场保驾护航。它既是实体法，又有程序法的内容。为使《城市房地产管理法》落地生根、发挥效能，1998 年国务院出台了《城市房地产开发经营管理条例》；从 2001 年到 2004 年，原建设部先后出台或修正了《商品房销售管理办法》《城市房地产转让管理规定》《城市房地产抵押管理办法》《城市商品房预售管理办法》等部门规章，我们统称为"房地产管理法"，这些行政法律和部门规章的出台或修正，形成了较为完善的房地产法律管理体系，为规范房地产市场发挥了不可替代的作用。

　　《城市房地产管理法》的贡献很多，笔者认为最主要的是创设了商品房预售制度、房地产抵押按揭制度、房地产出让交易制度、房地产登记发证制度，为房地产市场快速发展提供了制度保障，为中国 30 年的经济高速发展、城镇化推进做出了巨大贡献。当然，房地产的过度开发，也带来了生态环境的破坏和土地资源的浪费。好在这种状态已经得到扭转，房地产市场已经朝着稳健的方向发展。

　　《城市房地产管理法》的基本制度虽然没有变，但是部分内容已经调整，需要与《土地管理法》相衔接。下面我们分析房地产与《土地管理法》。

三、房地产与《土地管理法》

　　房地产市场的发展，离不开资金和土地两大物质基础，而且土地是最大的资源，可以入股、抵押套取资金。如何盘活土地的资源，冲破制度瓶颈，"先试先行"的深圳在这方面堪称土地管理制度改革的"拓荒者"，吃螃蟹的"第一人"。1987年12月1日下午，深圳举行"中国土地第一拍"现场拍卖会。经过激烈角逐，深圳经济特区房地产公司法定代表人骆锦星以525万元的天价取得了出让土地的使用权，实现了零的突破。此场拍卖会之后，1988年4月，我国第一部宪法修正案公布施行，增加了"土地使用权可以依照法律规定转让"的规定。同年6月，《土地管理法》的相应修改，使国有土地使用权出让有了具体的法律依据。充分说明，法律来源于实践，且服务于实践，法律的生命在于实践。

　　1986年生效的《土地管理法》，经历了1988年、1998年、2004年、2019年四次修改。第一次修改，像前面所讲的，具有划时代意义，可以说是新中国历史上的第二次土改，揭开了房地产开发的新纪元。第一次修改后，《土地管理法》经过10年的运行，发挥了巨大的作用，但也出现了一些问题，必须予以矫正。于是在1998年，《土地管理法》迎来了第二次修改，在加强耕地保护，规范农用地转用征收、土地出让程序，国务院和省级层面审批权等方面进行了规范和调整，强化了国务院的审批权。2004年3月，我国第四部宪法修正案公布施行。同年8月，《土地管理法》随之作出第三次修改，填补了"集体土地征收或者征用并给予补偿"的法律空白，为保护农民合法权益提供了法律保障。《土地管理法》第四次修改，同样也是因我国第五部宪法修正案的公布施行而修改。此次修改，在加大耕地保护、保障农民利益、国家适当放权等方面作出了进一步规范和完善，另外在"公共利益"的划定、加大农村房屋征收补偿、缩小集体土地征收范围、集体经营性建设用地使用权入市等方面进行了规范和补充。

1990年，国务院制定了《中华人民共和国城镇国有土地使用权出让和转让暂行条例》，后因新法律另有规定，于2020年删去了其中第52条后，继续适用。该暂行条例是配合《土地管理法》和《城市房地产管理法》的行政法规，对规范国有土地使用权出让及转让，也就是土地一级、二级市场，发挥着重要作用。

由于《土地管理法》的修改，2021年7月，与之相配套的《中华人民共和国土地管理法实施条例》也作出第三次修改，相信各省、自治区、直辖市的土地管理法实施细则也会相继作出调整。该条例是程序性行政法规，主要是规范地方人民政府及其土地管理部门的行为，使政府对保护耕地、农用地转用征收、农民宅基地审批、房屋征收补偿等的监管更加规范合理。

《土地管理法》第四次修改将对房地产市场产生重大影响，标志着大型房地产企业的"跑马圈地"运动即将终止，中小房地产企业理性开发，购房者理性出手，地方政府的城市经营理念、土地财政政策将会作出重大调整。

《土地管理法》与《中华人民共和国城乡规划法》（以下简称《城乡规划法》）均有规划方面的内容，但两者又存在较大差异。下面我们分析房地产与《城乡规划法》。

四、房地产与《城乡规划法》

　　房地产开发商（又称"房地产开发企业"）拿到土地，并不意味着其就可以随意建房，必须依法开发房地产，这里的法有《中华人民共和国建筑法》、《中华人民共和国安全生产法》、《中华人民共和国消防法》、《中华人民共和国文物保护法》、《中华人民共和国环境保护法》、《中华人民共和国人民防空法》（以下简称《人民防空法》）等相关法律，但是最主要的是《城乡规划法》。

　　提起《城乡规划法》，笔者对城市规划的重要性很有感触，真像后来春节相声中唱的那样："啊，五环！你比四环多一环。"城市发展规划先行，没有超前科学结合实际的规划，城市无论如何都是发展不好的。好多年前，报纸上有这样一幅漫画，前任市长规划建成的大楼，新市长刚一到任指着说拆掉！漫画内容让人啼笑皆非。当然这些情况早已大有改观，比如北京正在实施疏解非首都功能行动，各省、市城乡规划建设也更加科学合理。

　　2008 年 1 月 1 日起施行《城乡规划法》，同时废止了《中华人民共和国城市规划法》（以下简称《城市规划法》），实行城乡统筹规划。该法经过2015 年、2019 年两次修改，在宏观上对节约土地资源、绿色环保节能、科学统筹规划、规划编制与土地利用规划、控制城市发展规模等方面进行了规范和完善。

　　到目前为止，国务院还没有制定城乡规划法实施条例。笔者认为，一方面《城乡规划法》的规定比较全面，另一方面是各省、自治区、直辖市情况千差万别，立法上不宜统一。省级层面已经制定了《城乡规划法》的实施办法，根据《中华人民共和国立法法》（以下简称《立法法》）的授权，有的地方还制定了实施细则。

宏观上房地产市场受《城乡规划法》的影响，微观上更是如此。该法设立了建设工程许可制度和竣工验收备案制度，房地产开发商只有取得了建设工程规划许可证和建设工程用地规划许可证后，房地产项目方能施工建设。房地产项目竣工，验收合格后方可交付使用。项目竣工验收合格备案，相关手续完善，房地产开发商可以申请办理不动产登记，否则不但要承担民事违约责任，还可能受到行政处罚。

有些房地产开发商为了抢工期，常有未批先建的情况；个别政府推进的部分公共工程项目，也有"先上车后买票"的情形，这些都是违法行为。原因是多方面的，有的是房地产开发商急功近利，有的是政府管理部门慢作为。2015年5月7日央视晚间新闻报道，有一家民营企业要建一座办公楼，跑了39个行政管理部门，盖了200多个公章，历经四年还没法动工。近年来，国务院出台一系列"放管服"措施，甚至提出了"容缺办理"的举措，取得了一定效果。但是在现行法律层面，还有待进一步完善。

房地产开发是一个系统工程，不同的阶段既相对独立，又相互联系。打一个不太恰当的比喻，像计划生育时期从结婚生孩子到办理身份证的过程：政府把土地出让给（嫁给）房地产开发商，土地使用权证相当于结婚证，建设工程规划许可证相当于"准孕证"，建设工程施工许可证相当于准生证，竣工验收合格证相当于出生证，最后领取不动产权证，相当于身份证。

在房地产开发交易过程中，政府部门要收取房地产税。下面我们分析房地产与房地产税。

五、房地产与房地产税

　　秦国商鞅变法，宋朝王安石新政，英国 1215 年宪法性文件《自由大宪章》的诞生，美国独立战争，都与税收有关。税收是国计民生的大事，依法纳税是每个公民和企业的义务，古今中外无不如此。我国现行的税收制度，可以说最为复杂。《立法法》确立了税收法定原则，目前法律层面规定的有五种税收：《中华人民共和国企业所得税法》《中华人民共和国个人所得税法》《中华人民共和国车船税法》《中华人民共和国环境保护税法》和《中华人民共和国烟叶税法》，而大量的税收依据是行政法规。

　　房地产业是一个链条产业，曾经被新闻媒体报道涉及 60 多个行业，占用资金量巨大，曾经是我国经济发展的支柱产业。房地产税征收依据繁多：除《中华人民共和国企业所得税法》《中华人民共和国个人所得税法》《中华人民共和国环境保护税法》《中华人民共和国车船税法》外，还有《中华人民共和国城镇土地使用税暂行条例》《中华人民共和国增值税暂行条例》《中华人民共和国土地增值税暂行条例》《中华人民共和国城市维护建设税暂行条例》《中华人民共和国契税暂行条例》《中华人民共和国印花税暂行条例》和《中华人民共和国房产税暂行条例》等，为方便起见，我们将它们统称为"房地产税"。十余种房地产税，分别在房地产开发准备阶段、建设阶段、销售阶段、交易阶段征收。特别是房地产市场交易，税收种类多，计算复杂，专业性强，各地税收又不统一，房地产税征收已经成为一门学问。

　　房地产税收有一个演变过程，公房出售（房改）和单位集资建房时期，国家推行购房货币化，鼓励职工购买单位公房和集资建房，政府少征或免征契税，象征性地收取印花税。20 世纪 80 年代到 90 年代初，国家相继制定了

《中华人民共和国个人所得税法》《中华人民共和国房产税暂行条例》《中华人民共和国城市维护建设税暂行条例》《中华人民共和国增值税暂行条例》《中华人民共和国土地增值税暂行条例》，但相关税种很少在房地产交易中征收。2008 年正当国家调控房价之时，美国房利美、房地美引起次贷危机，雷曼兄弟百年银行倒闭，引发世界经济动荡，中国重新调整房地产政策开始救市。2010 年起，房地产市场又走向了快速发展阶段，各种房地产税在房地产市场领域内征收，人们发现房地产交易税越来越高，额外增加了交易支出，买卖双方为此产生了大量民事纠纷，还出现了行政诉讼案件。

房地产税在交易环节，税金比重大、税种多，特别是大宗房地产交易、法院拍卖房地产，如果事先没有在合同约定或拍卖公告明示，很有可能在交易或拍卖中出现纠纷。房地产税征收往往与不动产登记挂钩，要想办证就得纳税，先税后证是基本原则；如果只交易不纳税，就无法办理权属证书。

一般人认为，财政收入来源靠税收，其实大部分地方政府的经济基础是出让土地，土地出让金收入远超税金收入。房地产市场已经转型，靠出让土地提高经济效益的时代已经结束。

房地产税立法慎之又慎，牵一发而动全身，希望将来能够出台一部令人满意的房地产税法，将房地产相关税收规范到一部法律中，清清楚楚征收，明明白白纳税，真正实现社会治理体系、治理能力现代化、法治化。

房地产税有时起到调控房地产市场的作用，与宏观调控既有联系，又有区别。下面我们分析房地产与宏观调控政策。

六、房地产与宏观调控政策

从广义上讲，宏观调控政策也属于法的渊源，是一种特殊的法，有时超过法的调节作用。房地产牵涉到国计民生，受国际国内环境的影响，在出现经济动荡的关键时刻，国家必须运用宏观调控政策实施干预。当国内经济发展发生转型变化时，房地产政策也会作出相应调整。

人们说市场经济靠两手调节，一个是看不见的市场的手，另一个是看得见的政府的手。通常情况下，按照经济发展规律市场自我调节，是市场经济的本质；当市场失灵时，政府才出手调控。宏观调控是国家作出的重大决策，是统筹考虑的结果，主要是从财政、货币、税收、限购、减免、补贴等方面实施调控，慎之又慎。

2000年之后，国家把房地产业提到了战略高度，逐步成为经济发展的支柱产业，房地产市场逐步走向了快速发展的轨道，房价逐步攀升，开发商盆满钵满，购房者怨声载道，媒体大肆渲染，有的开发商还在电视台假惺惺地抛出了百日拐点的噱头，有两名教授甚至在电视台就房价公开打赌，一时间好不热闹。

2008年国家出台了一系列调控房价措施，房地产市场出现降温的苗头，如果调控政策能够坚持，或许会收到一定效果。笔者曾在报纸上发表文章《房地产市场重新洗牌，购房者回归理性》，做出了理想化的预测。但是，好景不长，到了同年9月8日，央视晚间新闻报道美国政府接管房地美、房利美两大房贷公司，9月14日美国雷曼兄弟百年银行申请破产，引发华尔街风暴，金融危机席卷全球。9月22日，媒体报道北京、武汉出现了退房团，房地产市场负面报道频繁见诸报端，成思危、樊纲等经济学家在央视进行解读分析。如此严峻的金融危机中，房地产企业资金链紧张甚至断裂，于是国家出台宏观调控政策救市。从 10 月初到 11 月底，央行 4 次降低贷款基准利率和存款利息，刺激消费。国务院甚至拿出 4 万亿人民币中央财政资金投放地方，推动基础工程项目建设；各地政府跑步进京申请要项目要资金，房地产市场逐步回暖。据传，当年恒大集团在香港融资逃过一劫，许家印成为房地产界的黑马，红极一时，一发而不可收；2021 年又面临巨大的金融风险，不知这一次可否化险为夷，这是后话。

通过以上救市调控政策，房地产交易量和房价逐步升温，炒房赚钱成为街头巷尾议论的话题。最著名的是遍及全国的"温州炒房团"，引起百姓降价呼声一片，相关部委出台相应措施降价。2010 年 4 月 17 日国务院出台新国十条，但是一系列措施并没有从根本上解决问题，地方政府仍然依赖土地财政，房价一时难以下调。之后，全国房地产企业遍地开花，央企、非房地产商人纷纷加入房地产大军，加上国内经济受国际经济影响复苏缓慢，现金流紧张，出现了钱荒的局面；盘活民间资本成为当时的融资渠道，大量的利息虚高的民间借贷粉墨登场，成为人们赚钱的门路，高息的民间借贷将房地产企业压得喘不过气来，民间借贷纠纷案件数量陡增。

2015 年各地政府纷纷救市，出台购房补贴、减免费用等优惠政策，交易量提升、房价反弹，个别房地产企业起死回生，而大部分中小房地产企业濒临倒闭。国家加大生态环境治理，房地产建造成本和地价同时上涨，到 2018 年房价创历史新高。为此，2019 年中央政治局会议做出决策部署，提出了"坚持房子是用来住的、不是用来炒的定位"，"不将房地产作为短期刺激经济的手段"，提高科技创新增强内生动力，紧缩对房地产市场的信贷资金，真正从根本上控制了房地产市场的野蛮生长。2021 年底，中央经济工作会议提出，明年经济工作要稳字当头，稳妥的经济发展成为常态。如何盘活房地产市场存量，化解问题楼盘风险已成为地方政府亟待破解的难题和经济抓手。

媒体中介是房地产调控政策的晴雨表，与房地产有着千丝万缕的联系。下面我们分析房地产与媒体中介。

七、房地产与媒体中介

　　房地产业总有媒体中介的身影，可谓是如影随形。天上无云没有雨，地上无媒不成婚。庞大的房地产市场、专业化的分工是现代市场经济发展的必然，也就不可避免产生了专业的新闻媒体和房产中介，进而需要与之相应的法律法规。这里主要涉及《中华人民共和国广告法》《合同法》以及相配套的规章。

　　新闻媒体与房产中介既有区别，又具有本质的雷同性，都属于房地产的第三方，分别起着宣传和交易的平台作用。

　　提起房地产新闻媒体，让人想起了碧桂园杨国强的贵人王志纲。1994 年房地产开发商无力支付工程款，将建设项目抵押给杨国强，从包工头摇身成为开发商的杨国强一筹莫展，后来遇见了《羊城晚报》的知名记者王志纲，才咸鱼翻身成就了碧桂园的辉煌。2013 年笔者认识一位聂老板，远不如杨国强，从未涉足建筑业和房地产，只是一个放贷人，房地产老板跑路，不得已接手一个小项目，左右为难。笔者曾经对她说："你接手这个楼盘，一定会把项目盘活，不但自己能得到回报，也将会为农民工的利益、许昌的社会稳定做出贡献，市长也应当感谢你。"聂老板当时激动得流下了眼泪。后来还不错，聂老板接手的楼盘终于竣工出售，收回了资金。虽然不能和碧桂园相比，毕竟也是一个成功案例。

　　《中华人民共和国广告法》属于经济法的范畴，是规范市场主体广告行为、市场管理部门执法的依据。广告业随着房地产市场的发展而发展，有的房地产开发商自行发布广告，有的委托销售方发布，报纸电视网络及商场路边电子屏幕等都可能成为发布广告的平台。广告主、广告经营者、广告发布者成为《中华人民共和国广告法》规范的主体。小区墙体、电梯间的广告，还涉及小区业主权益。房地产广告涉及方方面面：房价、面积、交房、区位、学区、交通、环境、物业、楼间距、通风、采光、供暖等。有的房地产广告夸大宣传、真假难辨，引起投诉纠纷不断。有的市场管理部门还成立房地产管理所，对房地产市场进行监管，对违规广告进行处罚。

为了规范房地产市场，有的地市进行创新，新闻媒体与房地产合作，打造房地产集市，将全市的房地产企业销售楼盘模型集中到房产大厦，各自推介、统一管理。大厦提供看房直通车，房产、评估、测绘、税收、银行、交易办证、仲裁、法律咨询等行政管理、社会服务部门集中办公，节约了资源，方便购房群众。笔者和同事到此参观，感受颇深。

每个城市的沿街门面房都有房产中介的身影。当房地产市场火爆时，门庭若市、川流不息；当房地产萧条时，门可罗雀，或者无影无踪、人去楼空……这里成为记者的一线采访地、房地产市场的晴雨表。

常见的房产中介提供房源信息，促成房屋交易，代理不动产办证抵押等服务。房地产开发商把楼盘销售委托给第三方承销公司，签订委托合同将促销广告、商品房推介、签订商品房买卖合同等事项整体打包给承销商。业主签订商品房买卖合同，并不知道承销商是代理人。大型的房地产销售公司，在不同的城市开设连锁店，瓜分房地产代理市场。2020年以来，随着国家房地产调控政策的落地，房产中介也受到冲击，优胜劣汰势在必行。

房地产离不开媒体中介，更离不开行政管理。下面我们分析房地产与行政管理。

八、房地产与行政管理

房地产从竞拍土地使用权到开发建设竣工出售，以及后来的不动产交易登记融资抵押担保，各个环节，均需要依法办理，涉及不同的行政法规和行政管理部门。

土地管理部门出让土地使用权，房地产开发商竞拍成功签订《成交确认书》和《国有土地使用权出让合同》。出让合同虽然是行政合同，但也具有民事合同的内容，所以出现纠纷，有的法院按民事案件立案，有的法院按行政案件立案，甚至同一个法院也不统一。2014 年《中华人民共和国行政诉讼法》第一次修改之后，基本上认定为行政诉讼案件。开发商支付全部土地出让金后，向不动产登记机构申请办理不动产登记，取得国有土地使用权。

开发商根据国有土地使用权出让合同设定的用途、建设规模等标准，向发展改革部门申请立项，向城乡规划管理部门申请办理建设用地规划许可证、建设工程规划许可证。取得规划许可后，开发商再向住房和城乡建设管理部门申请办理建设工程施工许可证、建设工程施工安全许可证。施工之前，文物部门还要对相应地块进行文物勘探，确认没有地下文物后，方可施工建设。

商品房建设到法律所规定的进度之时，开发商向房地产管理部门申请办理商品房预售许可证，开始预售商品房。

预售商品房买卖合同签订后，开发商应当在一定时间内向房地产管理部门申请办理备案手续，防止"一房两卖"，保护购房人的合法权益。需要办理商品房按揭贷款的，开发商、银行和购房人共同向不动产登记机构申请办理抵押登记。商品房竣工后，开发商需要申请办理不动产首次登记，协助业主办理房屋转移登记。

开发商依法建设消防工程和人防工程，消防管理部门对消防工程竣工验收，人防管理部门也要验收人防工程或依法收取人防工程异地建设费。

无论是国有土地使用权、房地产开发建设、不动产首次登记，还是房地产交易，均需要向税务管理部门依法纳税。房地产交易的，还需要向不动产登记机构申请办理转移、抵押登记，确保权利人取得物权。

集体建设用地使用权、集体厂房、农村宅基地房屋，以及划拨土地使用权、房改房、集资房，经济适用住房（简称"经适房"）等房地产的取得、建设、交易也离不开行政管理，不再赘述。

房地产开发程序复杂，行政管理部门众多。2015 年，不动产登记机构改革，将房屋和土地登记机构合并，统一不动产登记机构。由于房屋登记与土地登记发展不对称，计算机软件不匹配，加上理念观念不同，一时间办证难更加凸显，有的地方群众甚至在原国土资源局门前拉起白条横幅，表示不满。在全国人民代表大会上，曾经有记者反映，"有的市民说，不动产登记方便了政府，为难了群众"，这引起了自然资源部的高度重视，决定下大力气解决办证难问题。现在办证效率极大提高，有的不动产登记当日可取，群众满意度提高。但是不动产登记计算机软件落后，有的房地产交易和登记机构整合还不完善，这仍然困扰着一些不动产登记机构，还是在靠工作人员的人海战术解决办证难的问题。

房地产行政管理与司法关系密切，人民法院需要房地产管理部门提供房地产信息、协助执行法律文书。下面我们分析房地产与司法。

九、房地产与司法

　　房地产与人民法院关系最为密切，在这里我们讲的司法机关是指人民法院。司法是人民法院依法裁判案件、强制执行等运用法律的过程，是保护民事主体合法权益的最后一道防线。房地产行政管理部门、建筑商、开发商、购房人、承销商、农民工、银行、投资人、担保人等主体，或主动或被动地要与人民法院打交道，参与到司法的过程之中。

　　人民法院需要房地产管理部门，协助查询房地产信息，查封、协助执行办理房地产过户登记。2005年的夏天，笔者任许昌市房屋产权产籍监理处副主任，也是笔者考取国家司法资格的第二年，上海市某中级人民法院法官和当事人来到笔者处，下达协助执行通知书，续封某企业的厂房。当实际工作人员拒绝办理时，执行法官来到笔者办公室，要求办理，否则给予司法处罚。笔者告诉法官，根据《最高人民法院、国土资源部、建设部关于依法规范人民法院执行和国土资源房地产管理部门协助执行若干问题的通知》，续封需要重新下达裁定书，而该案件只有协助执行通知书，缺少主要法律文书，不符合规定，怎么能协助办理呢？执行法官一愣，没有想到这一点。笔者明白，他们的手提包里只装有空白的协助执行通知书，不可能有空白的裁定书，制作裁定书需要履行法定程序。他们知道，续封不成，其他法院查封顺序就会自动靠前，时间已经来不及，只好快快离去。这件事对笔者触动很大，炎热的下午，看到法官们离去的身影，笔者的心情无法表达。但是行政人员只要吃透专业的法律细节，面对法官也可以据理力争，这是对法律的尊重，相信法官也会理解的。

　　有一个房地产项目被几家法院现场查封，一家外地中级人民法院给许昌市住建局下达协助执行通知书，要求将底层商业用房产权过户登记在申请执行人名下。本地中级人民法院对该房地产现场查封在先，对外地中级人民法院的行为提出了异议，不同意市住建局协助其执行。市住建局经审查，确认该房地产项目在房地产管理部门没有任何房地产信息，无法协助办理房产过户登记，也就是协助执行不能。外地中级人民法院依据《中华人民共和国民事诉讼法》相关规定，对市住建局科处 100 万元、对局长和分管科长各科处 10 万元的罚金。市住建局使用笔者起草的复议申请书，依法向省高级人民法院申请复议。2014 年 3 月，笔者和其他同志作为市住建局的代理人，参加了由省高级人民法院组织的两地中级人民法院和市住建局参与的复议听证，最终省高级人民法院裁定撤销该处罚决定。协助执行人民法院的法律文书，既是行政机关的职责，也是其义务，应当依法予以协助。但是在法律根据或事实依据不完备，确实无法协助的情况下，应当向法院释明，相信法官会理解的。之所以发生冲突，其根本原因还是民事案件执行难。

房地产市场交易、民间借贷、融资担保领域内纠纷案件剧增，占民事诉讼案件的绝对多数，案多人少成为困扰人民法院的难题。司法改革不断推进，法官员额制、繁简分流、速裁机制、案源治理、多元化解机制、诉调对接机制、整治虚假诉讼、法官惩戒机制等举措的不断完善，收到了较好的效果。从 2016 年开始，通过三年攻坚战，执行难问题得到基本解决。

房地产市场宏观调控及相关法律的修改，使部分房地产不良企业面临破产。房地产企业如何破产重整盘活资产，关乎建筑商、开发商、购房人、承销商、农民工、银行、投资人、担保人等一大批民事主体的权益，成为需要人民法院破解的重大课题，这也是转型改革期必须面对的问题。

房地产离不开司法的兜底，房地产不可避免地存在着法律风险。下面我们分析房地产与法律风险。

十、房地产与法律风险

　　房地产风险包括管理风险、财务风险、调控风险、金融风险、市场风险等多种商业风险，但是商业风险的最终归属是法律风险。法律如果能够兜底解决，就可以化险为夷。否则，风险漏洞就会转化为败绩。

　　一个建筑商老板叹息道，以前没有法律风险意识，只顾承包工程干活，现在钱没挣到，留下一屁股官司。法律风险可分为，非诉讼法律风险和诉讼法律风险。做好非诉讼法律风险防范，可避免诉讼法律风险；要想避免诉讼法律风险，就应当做好非诉讼法律风险防范。懂得这些道理的房地产开发商和购房人并不多，经常是遇到了纠纷时才急着找律师打官司。

　　战国时期齐桓公（齐国有两个齐桓公，前者是春秋时期姜氏齐桓公，后者是战国时期田氏齐桓公）曾和扁鹊对话，齐桓公说：扁鹊你真厉害，国人都知道你会治病是神医。扁鹊说：我并不厉害，真正的名医是我的哥哥。齐桓公惊奇：我怎么没听说过？扁鹊又道：他是治未病，在很多人没发病之前已经把病治好了，所以人们并不知道他有防病治病的能力。而我是治急病，治好了几个病人也就有名气了。齐桓公听后不语。笔者原本学的是医学，曾经是某陆军师医院防疫所所长，部队防疫是我们的主要任务，但是没有临床医生吃香。就像钟南山院士，如果没有 2003 年的非典和 2020 年的新冠病毒疫情，可能世人不大会注意，更不可能知道他坐了几十年冷板凳才艰辛研究取得的成果。这些故事同样告诉我们，预防房地产法律风险比什么都重要，关乎一个企业的成败、一个家庭的兴衰。

　　人们不会忘记民间借贷从 2010 年兴起到 2016 年崩盘，导致全国性的法律风险危机，债务人东躲西藏，债权人追钱要账，查封房产冻结账户……一时间排队打官司成为法院的一大景观。危机的重灾区当数房地产市场，好多项目烂尾、老板跑路、无法交房，导致群体性信访事件不断。一个房地产开发商曾经讲过，房地产市场民间借贷像吸毒一样，越陷越深。当民间借贷的利息远高出房地产利润时，法律风险的祸根已经埋下，但是有的开发商没有风险意识或者认为敢赌才会赢，结果血本无归。有的开发商本身资金并不紧张，看到民间借贷吃高息远比开发房地产挣钱来得快，居然把房地产项目当幌子，吸收资金放高利贷，结果是吃了大亏，自身难保。当然还有的开发商感情用事，出借资金不用担保，结果上当受骗。

房地产交易中法律风险常在。购买商品房，开发商的实力和诚信最为重要，开发商取得商品房预售许可证后方能预售商品房，事关开发商的能力和商品房买卖合同的效力。房地产交易，购买人一定要查看出卖方有无产权证书，土地、房产有无查封抵押。

民间借贷借款人有房地产抵押担保登记，出借人的债权才有保障。担保人为借款人提供担保，很可能承担民事责任，要慎重。

各类房地产市场民事主体，遇到的法律风险可能各不相同，但是他们都应当具备防范法律风险的意识。只有处理好房地产与法十大关系，才能防范房地产法律风险的发生。受篇幅所限，在此无法一一陈述，我们将在房地产具体案例中分析解读。

下 编

100个房地产案例分析

以案释法　明法析理

　　以往的案例分析模式分为【基本案情】和【法理精析】两个部分。由于时代变迁、法律变化，2022 年，作者根据最新法律法规的规定对案情进行评论，增加【争点热评】作为第三部分，使结构更加合理。案例部分按照分析的时间顺序，由简到繁，由易到难依次排列，既顺应了广大读者的需求，又对房地产疑难案件提出了新的思考，适合普通民众和法律人士浏览阅读。

十一、2008 年 20 个房地产案例

1　一房两卖的法律后果

【基本案情】

2003 年 5 月 1 日，张先生与李先生签订了房屋买卖合同，约定张先生以 10 万元的价格将位于市区七一路一套住房卖给李先生，李先生向张先生支付定金 2 万元，约定 3 个月内李先生交付购房款后，张先生交房。但双方并没有办理过户手续。由于房价上涨，同年 7 月 1 日，张先生通过房屋中介以 12 万元的价格将该房卖给崔先生；7 月 30 日，双方依法办理了房产过户手续，崔先生领取了房产证。8 月 5 日，张先生通知李先生定金返还，房子不卖了。李先生一打听，得知 7 月份张先生又将房子卖给崔先生并办理了房产过户手续。于是李先生向人民法院提起行政诉讼，请求撤销崔先生的房产证，人民法院判决驳回其诉求。李先生又向人民法院提起民事诉讼，请求解除房屋买卖合同，张先生双倍返还 2 万元定金，人民法院予以支持。

【法理精析】

房管局发证行为合法。张先生和崔先生签订的房屋买卖合同也有效，并依法办理了房产过户手续，崔先生在办理房产证时没有过错，房管局的发证行为也并无不当。李先生虽然和张先生签订的房屋买卖合同在先，但是并不表明李先生对该房屋具有优先购买权。所以人民法院依法判决驳回了李先生

的行政诉讼请求。

张先生和李先生签订房屋买卖合同在先，张先生应当遵守诺言，履行合同义务。然而受利益驱动，张先生又将该房屋高价转让给崔先生，并办理了房产过户手续，导致李先生的购房目的无法实现，张先生存在根本违约，应当承担违约责任。《合同法》第115条规定："收受定金的一方不履行约定的债务的，应当双倍返还定金"。张先生应当向李先生双倍返还定金2万元，即返还4万元。所以人民法院支持了李先生的民事诉讼请求。

《民法典》第587条的规定："债务人履行债务的，定金应当抵作价款或者收回。给付定金的一方不履行债务或者履行债务不符合约定，致使不能实现合同目的的，无权请求返还定金；收受定金的一方不履行债务或者履行债务不符合约定，致使不能实现合同目的的，应当双倍返还定金。"《民法典》第587条对《合同法》第115条关于定金的规定进行了完善，既有继承又有发展，科学立法逐步落到实处。

争点热评

在进行房屋买卖时，双方当事人应当遵守诚实信用原则，否则很可能贪图小利而吃大亏。因房价上涨，张先生本想多赚2万元，最终却损失了2万元，这就是张先生不守约的法律后果。所以说，法律是公平的，不可以随便钻法律的空子。

本案所称的"并不表明李先生对该房屋具有优先购买权"应当理解为，当两份房屋买卖合同均有效时，李先生的权利并没有优于崔先生的权利的法定或约定依据。而事实是崔先生已经取得了房屋所有权，其物权优于李先生的债权，李先生只能追究张先生的违约责任。

2003年房价已经缓慢上涨，当时人们的法律意识淡漠，有的人不能正确区分"定金"和"订金"；在司法程序上，也不能正确运用行政诉讼和民事诉讼维护自己的权益，常常是多走弯路。

2　小王的烦恼

▶【基本案情】

小王最近遇到了烦心事。几年前他在市区新兴路购买了一套住房，后卖给了小刘，双方签订了房屋买卖合同。合同约定 2008 年 3 月底小刘交付定金 2 万元，在 4 月小王协助小刘办理房产证后，小刘再行支付 12 万元购房款。定金交付后，直到 6 月小刘的房产证仍未办成，小刘要求退房并双倍返还 2 万元定金。原来，该房产是小王从小朱手中购买，当时并没有办理房产过户手续领取房产证，只是收取了小朱的房产证，导致小刘的房产证无法办理。

【法理精析】

《城市房地产管理法》第 38 条规定，未依法登记领取权属证书的房地产，不得转让。《城市房屋权属登记管理办法》（此案发生在 2008 年 7 月 1 日之前）第 17 条规定，申请房屋转移登记，申请人应当提交房屋权属证书。小王购买小朱的房屋后，应当及时办理房产证，取得房屋所有权后，凭房产证才能转让，否则房产管理部门不予办理房产过户手续。这是我们常说的凭证交易。所以，小王无法协助小刘办理房产证，属于违约，小刘按照约定可以退房，并要求小王承担违约责任。

自 2015 年 3 月 1 日起施行的《不动产登记暂行条例》第 33 条第 1 款明确规定，"本条例施行前依法颁发的各类不动产权属证书和制作的不动产登记簿继续有效"，说明之前领取的房屋所有权证（简称"房产证"）和土地使用权证仍然有效。自 2008 年 7 月 1 日起施行的《房屋登记办法》第 33 条，自 2016 年 1 月 1 日起施行的《不动产登记暂行条例实施细则》第 38 条均规定办理房屋所有权转移登记的，应当提供不动产权属证书。不动产登记的规定一脉相承。

争点热评

　　买卖房屋应当及时办理房产过户手续，领取房产证取得所有权后，才能依法再行转让；否则无法处置该房产，无法转让和抵押贷款，自己的权益也无法得到保障，很可能像小王那样造成违约，遇到不必要的麻烦。此类案件过去时有发生，购买房屋后，只收取房产证并不过户，再行转让时，时过境迁，原房主难以寻觅，即使找到也不愿配合，或者提出增加房价的要求，纠纷不断。随着房地产市场的快速发展，人们产权意识的不断提高，这种现象越来越少，但是新的问题会不断出现。

3 办理预告登记 防止"一女二嫁"

▶【基本案情】

2006 年 12 月，小黄与房地产公司签订了商品房买卖合同，双方约定小黄在 2007 年 12 月 31 日前分三次付清购房款 25 万元，购房款付清当日房地产公司交钥匙。2007 年 10 月 1 日，小黄得知《物权法》已经施行，规定了预告登记制度。小黄向专业人士询问得知，预告登记可以防止"一房二卖"。于是，小黄主动和房地产公司协商签订补充购房合同，约定了预告登记。同年 11 月 7 日，双方到当地房管局办理了预告登记，但是小黄还没有付清购房款。2007 年底，房地产市场出现降温，由于房地产公司急需回收资金，于同年 12 月 29 日以一次性付款的方式将该房屋卖给了任先生。等到 12 月 30 日小黄凑足购房款交钱时，房地产公司拒收，并退回其前期交付的购房款，告知该房屋已经卖给了任先生。任先生向房管局申请办理房产证，房管局不予办理。小黄向人民法院提起民事诉讼，请求判决继续履行合同；而任某提起行政诉讼，请求判决房管局履行登记办证职责。最终，人民法院支持了小黄的诉求，而驳回了任先生的诉求。

⚖【法理精析】

自 2007 年 10 月 1 日起施行的《物权法》第 20 条第 1 款规定："当事人签订买卖房屋或者其他不动产物权的协议，为保障将来实现物权，按照约定可以向登记机构申请预告登记。预告登记后，未经预告登记的权利人同意，处分该不动产的，不发生物权效力。"小黄办理房屋预告登记后，就产生了预告登记的物权效力，在法定期限内对该房产享有排他性权利，能够对抗第三人甚至是善意第三人。未经小黄同意，房地产公司处分该房屋不发生所有权转移的效力。很显然，在合同约定的履行期限内，房地产公司又将该房屋转让给任先生，实属不当。

由于房管局已经给小黄办理了房屋预告登记，并记载于登记簿，不可能再给任先生办理房屋所有权登记，否则房管局就是违法行政。任先生和房地产公司签订的房屋买卖合同虽然有效，但是已经无法履行，房地产公司应当承担违约赔偿责任。

《民法典》第 221 条继承了《物权法》第 20 条的规定，不动产预告登记制度将长期存在。但是关于对不动产预告登记制度的理解，并未统一。不动产预告登记，虽然"产生了预告登记的物权效力，在法定期限内对该房产享有排他性权利，能够对抗第三人甚至是善意第三人"，但是这种权利并不是严格意义上的物权。

关于抵押权预告登记的效力，2020 年 12 月 25 日通过的《最高人民法院关于适用〈中华人民共和国民法典〉有关担保制度的解释》第 52 条第 1 款规定："当事人办理抵押预告登记后，预告登记权利人请求就抵押财产优先受偿，经审查存在尚未办理建筑物所有权首次登记、预告登记的财产与办理建筑物所有权首次登记时的财产不一致、抵押预告登记已经失效等情形，导致不具备办理抵押登记条件的，人民法院不予支持；经审查已经办理建筑物所有权首次登记，且不存在预告登记失效等情形的，人民法院应予支持，并应当认定抵押权自预告登记之日起设立。"抵押预告登记最为常见的是预购商品房抵押预告登记，也就是按揭购买商品房抵押预告登记。正常情形是，按揭购买商品房预购人申请办理房屋所有权登记后，放款银行与预购人共同将抵押预告登记申请变更为抵押登记，俗称"期转现"（期房转现房抵押登记），此时放宽银行真正取得抵押权。但是在现实生活中，在商品房办理首次登记之前或者首次登记之后，预购人已经无力偿还银行贷款本息，更不可能自愿申请办理期转现抵押登记；而房贷银行却以抵押权人身份申请人民法院强制执行按揭购买商品房，而预购人提出抗辩，称预购商品房抵押预告登记并不是抵押权登记，抵押权并没有设立，房贷银行不具有优先受偿权。这种情形具有普遍性，困扰着全国各地的法官和银行，最高人民法院对此作出司法解释，破解司法难题，但是从法理上还需要进一步探讨。

争点热评 ＞＞＞＞＞＞＞＞＞＞＞＞＞＞

国家每出台一部法律，就会设定新的法律制度，更好地保护守法者的权益。《物权法》预告登记制度的设立主要是为了防止不守信用的卖房人"一房二卖"，损害预告登记权利人的利益。本案中的房地产公司忽视《物权法》，给他人权益造成了损害，不但影响了自己的声誉，还吃上了官司。

2008 年 9 月美国爆发金融危机之前，我国实施房地产调控政策，2007 年底到 2008 年上半年，房价涨势回落，个别房地产公司为了回笼资金不惜违约销售，导致本案的发生。当时《物权法》房屋预告登记制度开始施行，发挥了良好作用。

4 谁卖了我的房子

【基本案情】

2007年6月5日，老刘气呼呼地来到市房管局产权处档案室，查询谁卖了他的房子。原来老刘夫妇在南方打工，16岁的儿子小刘在家上学，建房手续、户口簿在家中存放。2006年9月，小刘结识了同岁的小万。小刘因缺钱花，与小万商量准备将自己家的房子卖掉。小万之母潘女士知道后，与小刘约定以4万元价格买下该房产。潘女士取得老刘的建房手续和户口簿后，以老刘之妻的名义申请办理了老刘的房产证，再找一对和老刘夫妻年龄相仿的男女冒充老刘夫妻到房管局，签订房屋买卖协议并办理了房产过户手续。2007年6月10日，老刘向人民法院提起行政诉讼，请求判决撤销房管局给潘女士颁发的房产证，人民法院依法支持了老刘的诉求。而此时，小刘已经将售房款挥霍一半，剩余2万元返还给潘女士。潘女士向人民法院提起民事诉讼，请求确认房屋买卖合同无效，小刘及老刘再返还2万元。潘女士主张，因小刘是未成年人，剩余2万元钱由老刘垫付。老刘反驳称，买卖合同无效的主要责任在潘女士，自己没有垫付2万元的义务。人民法院判决驳回潘女士的诉讼请求。

【法理精析】

潘女士虽然办理了房产过户手续取得了房产证，但并不是善意取得。一开始潘女士与小刘恶意串通，低价购买了老刘的房子，直接损害了老刘夫妻的财产权利。潘女士虚构事实，欺骗登记机构领取房产证，所以人民法院撤销了潘女士申请办理的房产证，房产登记恢复到老刘名下。小刘是限制民事行为能力人，无权代理老刘卖房，并有恶意，所以人民法院判决驳回潘女士的诉讼请求。

本案发生在《合同法》施行之后《物权法》施行之前。《合同法》第 51 条的规定："无处分权的人处分他人财产，经权利人追认或者无处分权的人订立合同后取得处分权的，该合同有效。"第 52 条第 2 项规定，恶意串通，损害国家、集体或者第三人利益的合同无效。小刘是限制民事行为能力人，无权处分老刘夫妻的房产，而且是低价处分，老刘不可能追认。无论是小刘或潘女士的房屋买卖行为，还是冒充老刘夫妻与潘女士签订的房屋买卖协议，均应当被认定为无效。

《民法典》没有吸收《合同法》第 51 条的规定，而《民法典》第 154 条的规定的"行为人与相对人恶意串通，损害他人合法权益的民事法律行为无效"，与《合同法》第 52 条第 2 项规定基本相同。如果本案发生在 2007 年 10 月 1 日《物权法》施行之后，小刘是成年人而且房价合理，潘女士应当是善意取得，老刘很难追回房产。

争点热评 >>>>>>>>>>>>>>>>

房屋买卖应当依法进行，如果弄虚作假欺骗登记机构，即使领取了房产证，也会被依法撤销。如果想以合法形式掩盖非法目的，捞取好处，其结果只能是鸡飞蛋打。本案中的潘女士聪明反被聪明误，房子没有得到，而且承担了办证税费和 2 万元经济损失的不利后果，这就是违法的代价。本案老刘的房屋应当是城市居民自建房。自建房是指单位、农村村民或者城镇居民建造的房屋，2000 年之后城市规划区内政府部门不再审批个人自建房，农村宅基地住房建设并没有停止。

5 我买的是谁的房子

【基本案情】

2008 年 7 月 7 日，张女士等 7 名业主到市房管局上访，要求办理房产证。上访人称，2000 年她们与雨彤公司签订了"商品房"买卖合同，约定将位于建设路两幢"商品房"卖给业主，竣工后 3 个月内协助业主办理房产证。几年过去，雨彤公司已经注销，大部分业主的房产证仍没有办理。经调查，市房管局发现，上访户确实与雨彤公司签订了"商品房"买卖合同，而雨彤公司从没有开发过商品房，此处两幢住宅楼是某单位的集资房。该单位与雨彤公司联合建造两幢集资房，该单位出地，雨彤公司以该单位的名义申请建房手续，并于 2002 年竣工后申请办理了该单位的房产证（俗称"房产大证"）。现在雨彤公司原法定代表人声称房产大证丢失，无法办理分户房产证，业主愤怒，到市房管局上访。

【法理精析】

从法律上讲，雨彤公司既没有依法以出让或转让方式取得国有土地使用权，又没有以自己的名义获得建设工程规划许可证、建设工程施工许可证、竣工验收合格证和商品房预售许可证，不可能是该项目的开发人，两幢住宅楼也不可能是商品房。住宅楼的土地使用权、建房手续属于该单位，房产大证也登记在该单位名下，所以楼房出让之前的所有权属于该单位。该单位和雨彤公司之间是民事合同关系。事实上，雨彤公司仅是该单位出售房屋的代理人，但是雨彤公司没有向购房人尽到告知义务，并欺骗购房人，谎称出售的房屋是商品房。

按照法律规定，房屋买卖应当凭房产证办理过户手续，从房产大证过户到业主也是如此。所以张女士等业主应当向雨彤公司原法定代表人追回房产大证，或者请求该单位申请补办房产大证，再办理分户房产证。至于业主与雨彤公司的其他民事纠纷，可以通过民事诉讼或者其他途径解决。

房产大证是指房屋竣工验收合格，建设单位依法申请办理房屋初始登记后领取的房产证。自 2015 年 3 月 1 日起施行的《不动产登记暂行条例》将房屋初始登记改为不动产首次登记，含义是一致的。

争点热评

本案实质上是公司和单位合作开发建设集资房，却以商品房名义对外出售，购房人信以为真。所以购买房屋要有防范心理，应当向专业人士请教，不可盲从。业主对购买房屋的类型、谁是真正的房主并不清楚，就签订了"商品房"买卖合同，结果不但房产证无法办理，还有可能惹上官司。

2000 年前后，为解决城市职工住房难问题，国家推行单位集资建房。在建设过程中，有的单位有土地，但是没有资金，就出现像本案合作建房的情形。单位在满足职工集资购房需求后，将剩余的房产对外出售，变相开发房地产。自 2004 年 5 月 13 日起施行的《经济适用住房管理办法》第 29 条规定，集资建房是经济适用住房的组成部分，纳入经济适用住房的管理。单位集资建房是我国房地产市场发展过程中的必然产物，为缓解城市职工住房难做出了贡献。2019 年 7 月 30 日中央政治局会议提出"坚持房子是用来住的、不是用来炒的定位"，随后提出了有条件的单位还可以集资建房，作为对房地产市场的补充。

6 一波三折的房地产交易

【基本案情】

2003 年 6 月，吴先生将位于市区的一套住房通过房产中介卖给了赵先生，约定一次性付款，但没有约定房产过户事宜。赵先生支付房款当日，吴先生将房屋和房产证交给了赵先生。2004 年 7 月，赵先生又将该套住房卖给了朋友常某，仍未办理房产过户手续。常某收到该房屋和原房产证后，交由情人居住。2005 年 8 月，常某之妻徐氏发现常某另有金屋藏娇，大闹不止，常某急忙将该房卖给了曹女士。而曹女士要求办理房产过户手续，否则退房。同年 8 月，常某给曹女士办理了房产证。徐氏得知事情后，找到赵先生要求其提起行政诉讼，请求人民法院撤销房管局给曹女士颁发的房产证。赵先生碍于情面，同意起诉。同年 9 月，徐氏作为赵先生的代理人向人民法院提起行政诉讼，赵先生未到庭，吴先生、曹女士以第三人的身份出庭。人民法院审理后查明，常某找到原房产中介，交付相关费用，得到吴先生的相关信息，伪造了吴先生的身份证和结婚证件，又找人帮忙顶替吴先生夫妻并与曹女士一起去办理了房产过户手续。法庭上，吴先生否认与曹女士签订过房屋买卖合同，只承认与赵先生签订过房屋买卖合同。据此，人民法院撤销了房管局给曹女士颁发的房产证。曹女士只能向常某追偿损失。

【法理精析】

常某收到该房屋和原房产证后，交由情人居住，表明常某并没有办理房产证。《城市房地产管理法》和《城市房地产转让管理规定》均规定，转让房地产应当凭房产证办理过户登记，而赵先生和常某均没有依法办理房产过户登记。从法律上讲，赵先生、常某并没有取得所有权，均无权处分该房产。无论房产黑市如何交易，经过多少人之手，房产的物权仍属于原房主。常某自以为聪明，隐瞒事实真相，伪造交易材料，躲避交易税费，最终导致房屋过户登记被撤销。而房产中介机构受经济利益驱动，违法提供产权人信息，损害产权人利益，应当受到房产管理部门的行政处罚。购房人曹女士虽然没有参与伪造交易材料，但是明知房产证不是常某名字，还购买此房并要求办理过户手续，自身存在过错。房屋登记机构并不是司法机关，虽然尽到了形式审查义务，但是不能保证对申请人提供的每一个申请材料都能够查证属实。

本案发生在 2007 年《物权法》生效之前，房地产交易登记主要是按照《城市房地产管理法》《土地管理法》及其相关法规规章办理，产权的取得与《物权法》规定相一致，更与《民法典》相呼应，彰显物权法定原则。

争点热评 ❯❯❯❯❯❯❯❯❯❯❯

本案反映的问题，在房地产市场二手房交易中，具有一定的代表性。随着我国法治建设逐步完善，法律的空子越来越不好钻，搞不好就会被法律卡住，进退两难。

在房地产市场发展过程中，二手房交易量是一个逐渐上升的发展过程，但是早期的二手房买卖，只交易不办证的现象时有发生，导致后来产权纠纷不断。更有甚者，就像本案，提供虚假手续，冒名顶替办理房产过户登记，房屋登记机构真假难辨。随着房地产市场经济的快速发展，人们的产权意识增强，法律意识不断提高，特别是二手房买卖按揭贷款金融方式的推行，依法过户登记量极大提高，给二手房交易市场增加了活力。

7 绿地变楼房 告你没商量

【基本案情】

2007 年 10 月，因房地产公司在小区内把成片绿地铲掉建造一幢楼房，小区业主与开发商发生冲突，双方互不相让。业主到信访局上访，要求制止开发商的违法行为。信访局转交城市规划管理部门处理。开发商在售房时向业主承诺，此楼盘环境优美，并且有一大片绿地，业主才高价购买此处商品房。现在绿地已经建成，开发商又要铲掉绿地建造商品房，侵犯了业主的权利。开发商认为，自己拥有该宗土地的开发权，并且有规划审批手续，完全合法。至于当时楼盘销售时的承诺，完全是营销策略。城市规划管理部门经过核实，认为此处地块规划的是商品房，而非绿地。城市规划管理部门建议业主走司法途径解决。人民法院经审理认为，房地产公司违约，判决其赔偿业主高价购房的损失。

【法理精析】

自 2005 年 5 月 1 日起施行的《信访条例》规定，信访工作坚持"属地管理、分级负责，谁主管、谁负责"的原则。信访部门并不直接处理信访事件。所以，信访局将本案转交给城市规划管理部门处理。业主与房地产公司出现纠纷，应及时到有关行政主管部门反映或者直接到人民法院起诉，能够尽快得到有效解决。《城市规划法》规定，开发建设商品房应当经过城市规划管理部门的审批，领取建设工程规划许可证，按照规划许可的范围和条件开发建设。未经城市规划管理部门审批或者超出规划范围，擅自开发建设的房屋，属于违法建筑，建设单位会受到相应的行政处罚。很显然，本案争议地块规划的是商品房，而非绿地，房地产公司建设商品房符合《城市规划法》的规定。但是符合行政法的规定，并不等于符合民法的规定。《最高人民法院关于审理商品房买卖合同纠纷案件适用法律若干问题的解释》第 3 条规定："商品房的销售广告和宣传资料为要约邀请，但是出卖人就商品房开发规划范围内的房屋及相关设施所作的说明和允诺具体确定，并对商品房买卖合同的订立以及房屋价格的确定有重大影响的，构成要约。该说明和允诺即使未载入商品房买卖合同，亦应当为合同内容，当事人违反的，应当承担违约责任。"房地产公司虽然对业主不构成侵权，但是已经违反合同约定，应当承担相应的违约责任。

受经济利益驱动，房地产公司追求利益最大化，违规开发房地产，夸大宣传、虚假广告的情形时有发生。自 2008 年 1 月 1 日起施行的《城乡规划法》取代了《城市规划法》，扩大了适用范围，实施城乡统筹规划，对城市规划基本面没有改变；经过 2015 年和 2019 年两次修改之后，更加完善。

争点热评

过去曾经出现过信"访"不信法的局面。其并不是否定司法工作，只是群众认为信访不花钱，把信访作为解决问题的主要途径，造成大量的群访、越级上访案件，影响社会秩序。随着法治建设不断推进，这种局面得到根本扭转。但是人民法院又出现了人少案多的局面，对于当事人众多的诉讼案件，立案慎之又慎，通常引导当事人通过诉调对接，诉前调解，逐步化解矛盾纠纷。

8　小区内道路存车费属于谁

【基本案情】

2008年3月，因外部车辆经常在某小区内的道路上夜间停放，物业公司为了规范管理、确保安全，与业主委员会协商，向夜间外来停放车辆司机收取存车费。双方对此没有意见，但是就存车费的归属问题发生争议，物业公司认为应当属于物业公司，房地产公司认为应当属于房地产公司，业主委员会认为应当属于业主。三方争执不下，请求房产管理部门给予裁决。通过调查取证，房产管理部门给三方做了认真的解释工作，最后认定外来车辆夜间停车收费应当归全体业主共有，但是业主应当给物业公司适当的报酬。三方均无异议。

【法理精析】

《物权法》第73条的规定，建筑区划内的道路，属于业主共有，但属于城镇公共道路的除外。第74条第3款规定，占用业主共有的道路或者其他场地用于停放汽车的车位，属于业主共有。外来车辆夜间在小区内道路停放，实际上是占用了业主的共有场地，收益部分应当归全体业主共有。而物业公司并不是停车场地的所有人，停车费不应当归物业公司所有。但是物业公司是业主聘用的物业服务者，对夜间停车安全增加的劳动付出，应当得到适当的补偿。房地产公司出卖商品房后，业主依法成立了业主委员会，房地产公司已经不是该小区的所有权人和管理人，而且也没有付出劳动，所以存车费不属于房地产公司，它也不应当得到报酬。

《民法典》物权编第六章吸纳并扩大了《物权法》第六章业主的建筑物区分所有权的调整范围，对小区内的物权作出了详细的规定，改变了过去对部分物权归属含糊不清的状况，使业主、房地产公司、物业公司的权利义务更加明晰，物业服务管理有法可依，很好地发挥了法律的社会效益。

争点热评 》》》》》》》》》》》》》

    2007 年《物权法》生效后，房产管理部门相继成立了物业管理科，加强对房地产公司和物业公司的监管。说是物业管理公司，实质上是物业服务公司，事关千家万户每个业主的权益。从实践中看，如果说"天下第一难是拆迁"，那么"第二难"就应当是小区内的物业服务管理，而大拆大建的时代已经成为过去式，物业服务管理成了房地产领域内社会关注的焦点。

    商品房物业小区已经成为小社会，单靠法律途径解决物业纠纷，成本太高而效果不好，只有通过多元纠纷化解机制共同治理，才能达到良好的社会效果。

9 车库的风波

【基本案情】

2007年房地产公司按照规划在小区内建造了地下停车库，但是预售商品房时买卖双方并没有对车库归属进行约定。业主入住后，房地产公司委托物业公司对业主存车收取车位费，引起业主不满。有车业主认为，地下车库属于小区的公共设施，业主应当免费存车；无车业主认为，地下车库应当属于全体业主共有，由全体业主共同受益；房地产公司认为，地下车库由房地产公司建设，财产权属于房地产公司，由房地产公司支配。2008年6月，三方当事人分别向房产管理部门写信反映，请求处理。依据事实和法律，房产管理部门作出如下答复：该小区地下车库既不属于公共设施，也不属于全体业主共有财产，在处分之前产权属于房地产公司所有，房地产公司可以向业主出租。房地产管理部门通过回访得知，三方当事人均表示满意。

【法理精析】

《物权法》第74条第1、2款规定："建筑区划内，规划用于停放汽车的车位、车库应当首先满足业主的需要。建筑区划内，规划用于停放汽车的车位、车库的归属，由当事人通过出售、附赠或者出租等方式约定。"这个条款说明房地产公司依据规划专门建设的车位、车库不属于公共设施，不属于全体业主共有，转让前所有权属于房地产公司，房地产公司可以出售、附赠或者出租。但是该地下车库并不是小区外的停车场，首先应当满足本小区内的业主需要，先对本小区内业主出售或出租，多余车库可以对外出售或出租。

2007年之前，商品房小区建筑物区分所有权问题已经出现，《物权法》及时回应社会关切，起到了很好的法的调节和规范作用，使物业纠纷有法可依。《民法典》第275条和第276条吸纳了《物权法》第74条的规定，保持了法的稳定性。

争点热评 »»»»»»»»»»»»»»»

　　法律是公平的，它对各方当事人都起着调节和平衡作用。《物权法》在物权保护方面，既很好地保护了业主的合法权益，又对房地产公司的权益给予了尊重和保护，充分印证了"法律是公正和善良之术"这句名言。

　　本案分析的是依照规划建设的地下停车场，而有些停车场不一定符合规划，其权属的归属就相对复杂。早期私家车很少，停车并不难，随着社会的快速发展，私家车急剧增加，小区内车多位少的矛盾日益凸显。虽然城市规划管理部门逐渐增加小区内的规划停车位，但是有些小区或者商业集聚区，停车难问题仍然得不到缓解。

10 更正登记范围不可随意扩大

【基本案情】

2007 年 7 月，宋老太太将自己的一套住房赠与外甥女程女士，双方办理了房产过户手续，程女士领取了房产证。2008 年 7 月，双方当事人因故发生纠纷，宋老太太要求解除赠与合同，程女士亦同意归还房屋。向律师询问后，宋老太太得知可以通过更正登记把房产证更正过来。2008 年 8 月 28 日，宋老太太携带有关材料和程女士的房产证，来到房屋登记机构请求更正登记。登记人员经过审查材料和询问当事人，认为不属于更正登记范围，书面告知申请人不予更正登记。

【法理精析】

《物权法》第 19 条第 1 款规定："权利人、利害关系人认为不动产登记簿记载的事项错误的，可以申请更正登记。不动产登记簿记载的权利人书面同意更正或者有证据证明登记确有错误的，登记机构应当予以更正。"房屋更正登记通常是指房屋的坐落、楼层、面积、名称等内容有误，权利人申请或者登记机构发现的，应当给予更正的行为。对于权利主体的更正，往往涉及房屋所有权转移的问题，应当慎重审查，甄别出是更正登记还是转移登记之后，再作处理。本案中登记机构给宋老太太和程女士办理的房产过户登记，事实清楚、程序合法，登记簿记载并没有错误，不存在更正的情形。而事后，宋老太太因故要收回房屋，程女士也同意返还，相当于双方达成了新的协议，将所有权程女士名下的房产再转移到宋老太太名下，实质是房屋转移登记。不动产更正登记不收取房地税，而转移登记税务机关需要依法征税。

我国不动产登记自 20 世纪 90 年代起步，到今天经历了一个逐步发展完善的过程。早期土地登记量极少又不规范，宅基地使用权证一地两证的情形时有发生，房屋登记相对较好，但也不尽如人意。当出现权属纠纷时，当事人首先想到的是到不动产登记机构申请更正，为此《物权法》顺应现实的需求设立了不动产更正登记制度，为不动产登记依法纠错提供了依据。

不动产登记信息化、自动化、规范化程度今非昔比，但是不动产登记错误不可能避免，《民法典》吸纳了《物权法》的不动产更正登记制度，继续发挥不动产更正登记的法律效能。

争点热评

依法办事是每个公民应尽的义务，同时只有正确理解法律、运用法律，公民的权利才能得到保障，社会经济秩序才能正常运行。民事行为，特别是涉及亲情、涉及不动产的行为，应当慎重处理，避免既伤了亲情又造成不必要的经济损失。

11 房屋异议登记的风险

【基本案情】

2007 年 7 月，刘先生向朋友郑先生借款 10 万元做生意，约定一年后还钱。作为担保，刘先生承诺，如果到期不能偿还借款，愿意以房抵债。2008 年 3 月，未到还款期限，但刘先生的生意已经失败，无力偿还 10 万元借款。郑先生要求刘先生以房抵债，办理房产过户登记，刘先生不同意。同年 4 月 21 日，刘先生将住房卖给赵先生并申请办理房产过户登记。郑先生得知后，4 月 23 日携带借款合同、借据和身份证件到房屋登记机构，申请异议登记。经审查，登记机构当天为其办理了异议登记，并书面告知申请人自异议登记之日起 15 日内向人民法院提起诉讼，否则异议登记失效。登记机构暂停给赵先生办理房产过户登记，但是直到 5 月 9 日登记机构也未收到郑先生的起诉受理通知书。5 月 12 日登记机构为赵先生办理了房产过户登记。但是，刘先生并没有将售房款用于偿还对郑先生的债务。5 月 16 日郑先生向人民法院提起行政诉讼，请求确认登记机构违法并赔偿 10 万元损失。人民法院经审理查明，登记机构为赵先生办理房屋过户登记行为合法，判决驳回刘先生的诉讼请求。

【法理精析】

《物权法》第 19 条第 2 款规定："不动产登记簿记载的权利人不同意更正的，利害关系人可以申请异议登记。登记机构予以异议登记的，申请人在异议登记之日起 15 日内不起诉，异议登记失效。异议登记不当，造成权利人损害的，权利人可以向申请人请求损害赔偿。"郑先生的债权未得到清偿，相对于刘先生的卖房行为，郑先生属于利害关系人，可以申请异议登记。异议登记后，登记机构依法书面告知郑先生在 15 日内提起诉讼。而郑先生未在法定期限内起诉，就丧失了法律的保护期限，异议登记失效。

郑先生曾经主张，他和刘先生合同约定以房抵债，房子应当归自己所有。但是一方面，以房抵债协议是民事法律行为，不具有物权的法律效力，房屋所有权并没有转移；另一方面，房屋抵押，抵押合同虽然有效，因没有依法办理房屋抵押登记，抵押权也没有设立，所以郑先生的主张不能成立。之后，登记机构再为刘先生和赵先生办理房产过户登记，并无不当。如果郑先生能及时提起诉讼，申请财产保全，其权利就会得到保障。

不动产登记机构对异议登记并不进行实质审查，异议登记后，暂停办理房产过户登记，待司法裁判后，再依法对不动产进行处理。《民法典》第 220 条与《物权法》第 19 条内容基本一致，更正登记和异议登记仍是不可或缺的法律制度。

争点热评

公民的有些权利是相对的、有期限的，应当按照法律规定及时行使权利，否则权利有可能丧失。本案中，郑先生认为办理了异议登记，就可以完全保障自己的权利，这是对法律的误解。异议登记只是暂时的保障措施，不可能一劳永逸。

《民法典》第 220 条与《物权法》第 19 条内容基本一致，设立了不动产更正登记和异议登记制度，规定不予办理更正登记的，才可以申请异议登记。事实上，此类情形很少发生，如果不予办理更正登记，说明登记机构认为原不动产登记没有错误，再提出异议登记已经没有实际意义，申请人通常是直接提起民事或者行政诉讼解决产权纠纷。而本案是常见的异议登记类型，利害关系人通常是在权利人办理房屋过户前或者是办理过户中，申请异议登记阻止房屋过户登记，再提起民事诉讼，以保护自己的权利。

12 房屋面积谁说了算

【基本案情】

2008年10月6日，市民张先生向《市长信箱》栏目写信反映，自己在某开发小区购买了一套商品房，已按照合同约定付清购房款。现在房地产公司又要钱，理由是房屋面积大于合同约定面积，需要补交房款。张先生对此提出疑问："房屋面积谁说了算？"张先生的信件被转交到房产管理部门处理。工作人员通过走访信访人，审查商品房买卖合同，发现张先生与房地产公司关于房屋面积的约定并不清晰：当初只是按照房地产公司预测的房屋面积计价付款，现在房地产公司认为房屋实际面积比预测面积多，应当补交房款。房产管理部门在给张先生的回信中说：在购房初期，可以按照房地产公司提供的房屋面积交纳房款，如果商品房面积出现误差，房地产公司和业主任何一方说了都不能算，只能委托具有房产测绘资质的单位测量，并以该测绘成果作为房屋面积标准，再结合商品房买卖合同以及相关法律法规处理有关问题。同年10月16日，房产管理部门电话回访，张先生表示满意。

【法理精析】

原建设部、原国家测绘局《房产测绘管理办法》第6条规定："有下列情形之一的，房屋权利申请人、房屋权利人或者其他利害关系人应当委托房产测绘单位进行房产测绘：（一）申请产权初始登记的房屋；（二）自然状况发生变化的房屋；（三）房屋权利人或者利害关系人要求测绘的房屋。房产管理中需要的房产测绘，由房地产行政主管部门委托房产测绘单位进行。"也就是说，房屋买卖双方当事人任何一方，虽然可以自行测绘房屋面积，但是不能单独认定房屋面积，只能由房产测绘单位实地测量计算的房屋面积，才可以认定为房屋面积。

房产测绘单位接受委托后，应当按照国家测量规范进行实地测量，并为当事人出具测绘结果，作为房屋面积的依据。如果当事人对房产测绘单位测绘结果有异议，可以向房产管理部门反映，房产管理部门应当依法进行复查，保护当事人的合法权益。

根据《中华人民共和国测绘法》等相关法律法规规定，房产测绘单位必须具备房产测绘资质，才能从事房产测绘工作。

争点热评 »»»»»»»»»»»»»»»»

本案告诉我们，商品房买卖涉及的要素非常之多，双方当事人签订商品房买卖合同的内容应当尽量详细完整，特别是对于房屋面积、价款等主要内容应当作出明确约定，以免造成不必要的麻烦和经济损失。

随着房地产市场的快速发展，城市高层建筑不断出现且房价在逐步上涨，房屋面积这一焦点问题更为突出。商品房面积关键在于如何计算高层建筑公摊面积，这是一个既专业又复杂的问题。

商品房面积问题常常引发纠纷，因为和房屋价款有直接联系。《商品房销售管理办法》对商品房面积误差作出明确规定：在合同约定不明的情况下，面积误差比不得超过 3%，否则房地产公司将承担不利后果。所以房地产公司提供的《商品房买卖合同》通用文本，通常把涉及房屋面积、价款的内容预先约定为："以房产证（不动产权证）登记的房屋面积为准计算房款，多退少补"，以此规避法律风险。

13 为何赢了官司却无法办证

【基本案情】

2008 年 10 月 16 日，市民高女士给房管局写信反映，因房产纠纷，自己打了几年官司，结果是"赢了官司，至今无法办证"。2001 年之前，包工头张某给某公司建造集资房，因该公司无力支付承包款，协议将部分集资房抵作承包款。张某利用农民工朱某的身份证冒充该公司职工，与该公司合谋申请办理了集资房房产证。同年 8 月，张某以自己的名义与高女士签订房屋买卖协议，将朱某名下的住房卖给了高女士；12 月份，高女士办理了房产过户登记领取了房产证。2004 年 3 月，朱某得知实情后，分别提起民事和行政诉讼。官司历时 4 年，到 2007 年人民法院行政审判庭以高女士办理房产过户登记申报不实为由，撤销了其领取的房产证；而人民法院民事审判庭认为张某有处分权，判决驳回朱某要求返还该房屋的诉讼请求。2008 年，高女士依据民事判决书重新申请办理房产证，但房屋登记机构认为，人民法院只是驳回了朱某返还房屋的请求，并没有确认高女士是该房屋的产权人，且张某没有取得房产证，所以高女士无法重新申请办理房产证。

【法理精析】

《物权法》第 28 条规定："因人民法院、仲裁委员会的法律文书或者人民政府的征收决定等，导致物权设立、变更、转让或者消灭的，自法律文书或者人民政府的征收决定等生效时发生效力。"这是对不动产物权的特殊规定，也是房屋登记机构对申请人单方申请办理房产证的法律依据。本案高女士的民事胜诉判决书，并未对房屋所有权归属作出判决，所以并不符合该法第 28 条的规定，无法单方申请办理房屋登记。《城市房地产管理法》第 38 条规定，未依法登记领取权属证书的房地产，不得转让。人民法院认定张某对该房产有处分权，只能说明张某以朱某名义与高女士签订的房屋买卖合同有效。办理房产过户登记需要原房产所有权人配合，高女士的原房产证被撤销之后，该房产所有权仍登记在朱某名下，朱某不可能配合，而张某又无法直接配合，导致高女士无法重新申请办理房产证。

本案的根本问题是房产登记的借名问题，是张某对朱某姓名权的侵权行为。最好的解决办法是张某、朱某和高女士三方协商，弥补朱某姓名权被侵害的损失，给予适当补偿，避免司法诉讼。也许是协商不成，朱某启动了司法程序，不但没有得到好处，反而浪费了时间，也遭受了经济损失。而人民法院的判决，驳回了朱某的实体权利请求，撤销了高女士的房产证，使高女士陷入无法重新申请办证的境地，难道不是对司法资源的浪费吗？人民法院为何不依据《物权法》第 106 条不动产善意取得的规定予以处理呢？也许是《物权法》刚刚施行，需要一个学习过程，也许是对法的理解不同，值得大家深思。

《民法典》第 229 条与《物权法》第 28 条的规定基本一致，而《民法典》第 311 条与《物权法》第 106 条几乎相同，秉持物权法定原则。

争点热评

本案着重分析房产办证难问题，但是从另一个角度也能折射出房地产诉讼的技巧和成本问题，特别是涉及房地产民行诉讼交叉问题，更应当慎重。

本案告诉我们，在购买二手房时，买方一定要查验卖方的身份信息与房产证载明的所有权人是否一致，否则有可能留下重大隐患。要么是房产中介越权代理，要么是第三人无权处分，还有可能是第三人恶意出售。本案中，高女士正是缺乏这方面的法律知识，卷入了法律诉讼的漩涡，遭受了极大的经济损失和精神损害。

14 婚前按揭的房子属于谁

【基本案情】

2006 年 1 月，小王按揭购买了一套商品房，在农村的父亲为小王垫付了 9 万元首付款。当年 2 月份，小王通过网上聊天结识了黄女士并发展成为恋人。为了结婚，黄女士把打工攒下的 5 万元钱用在按揭商品房的装修上，并和小王共同向银行偿还每月购房贷款本息。由于小王想让乡下的父母搬来同自己一起居住，与黄女士发生矛盾。5 月，双方关系破裂时，正赶上房价上涨，黄女士主张按揭商品房属于双方共有，小王主张该房归自己所有。双方争执不下，黄女士提起诉讼，请求判令该房产属于双方共有。人民法院判决小王应当向黄女士返还 5 万元本金利息以及 3、4 月份黄女士支付的按揭贷款本息，驳回了黄女士房产共有的诉讼请求。

【法理精析】

小王虽然主张该房屋归自己所有，但并没有提供房屋所有权证，表明小王没有办理房屋登记。在现实生活中，房屋虽然竣工交付，由于业主或者开发公司的原因，没有及时办理房屋登记的情形并不少见。

小王和黄女士没有结婚，是恋人关系，财产权是相互独立并各自所有的。小王的父亲垫付的 9 万元按揭购房首付款，是赠与小王的个人财产。小王以自己的名义按揭购买商品房，并办理了抵押登记，虽然没有办理所有权登记，但对该房屋享有占有、使用、收益的权利，并承担向银行偿还贷款本息的义务。而黄女士并不是该房屋的权利人和偿还贷款本息的义务人。黄女士用自己的 5 万元装修房屋并支付购房贷款本息，既不属于赠与行为，也不属于共同财产，前者是有条件的添附行为，后者是有条件的代付行为，当双方恋爱关系解除后，前提条件已不存在，小王的不当得利应当返还给黄女士。

争点热评 ≫≫≫≫≫≫≫≫≫

　　按揭购买商品房能够给年轻人提供舒适的居住环境，是大部分年轻人结婚时的首选购房方式。但是按揭购买商品房涉及方方面面，单从资金上讲，由于房价居高，一方难以承受，需要双方共同出资购买，就会出现财产混同的现象。而按揭贷款手续和偿还银行贷款只能由一人办理，所以双方一旦出现纠纷，很难厘清出资财产。本案是未婚按揭购房，如果是婚前按揭购房，婚后共同还贷，房价上涨后，解除婚姻关系分割房产，纠纷处理会更加复杂。按揭购房已经成为购买商品房甚至二手房的主要方式，而大众对按揭一词的来源和性质并不完全理解。按揭不是法律术语，而是房地产领域的习惯称谓，它最初起源于西方国家，后从我国香港地区引入内地房地产市场，并逐步传播到全国。其本质是利用购买的预售商品房或者二手房向银行申请抵押贷款购买房屋，其前提是购房人预先支付首付款（通常是总价款的30%左右），剩余房款作为抵押贷款的金额，购房人在贷款年限内每月偿还一定数额的银行本息，既能减轻一次性支付房款的压力，刺激消费，又能使银行从中获利。

15 购买按揭房谨防上当

【基本案情】

2008 年 2 月，小刘从北京打工回来，想在市区购买一套住房。经亲戚郝先生介绍，得知其楼上刁先生有一套空房打算出售。三人应约在空房相见，经协商，刁先生以 25 万元的价格将该房转让给小刘。当天房屋买卖成交，小刘与刁先生签订了房屋买卖合同，并将 25 万元购房款交付给刁先生，刁先生将房门钥匙、商品房买卖合同、购房发票等手续交予小刘。同年 5 月的一天，郝先生发现该房屋贴上了法院查封封条，立即给在北京的小刘打电话。小刘火速返回，到人民法院和房管局打听得知：刁先生从郭女士那里借款 6 万元作为购房首付款，按揭贷款购买了该商品房，已经半年没有按时偿还银行本息；银行和郭女士已申请人民法院对该房屋予以查封保全。小刘后悔不及。

【法理精析】

从所有权上讲，刁先生无权转让该房产。《城市房地产管理法》第 38 条规定，未依法登记领取权属证书的，房地产不得转让。刁先生没有办理房产证，还没有取得该房屋的所有权，所以不能擅自处分该房产。另外，从抵押权上讲，刁先生也无权擅自转让该房产。《物权法》第 191 条第 2 款规定："抵押期间，抵押人未经抵押权人同意，不得转让抵押财产，但受让人代为清偿债务消灭抵押权的除外。"

按揭购房实质就是抵押贷款购房。刁先生从郭女士处借款用于支付购房首付款，再利用预购商品房贷款支付房款，偿还少量贷款本息后，等待时机，空手套白狼转让房产，获取巨大利益。小王缺乏房地产法律常识，也没有防范意识，加上刁先生故意隐瞒按揭贷款购房的真相，导致受骗上当。

银行是刁先生的抵押权人，郭女士是刁先生的普通债权人，可以依法申请对该房产强制执行，但是抵押权优于债权，银行有优先受偿权，从债务的清偿顺序上讲，银行在前郭女士在后。小刘也是刁先生的债权人，也可以提起诉讼，也可以提出执行异议，打官司在所难免，但后果难以预料。

《民法典》第 406 条第 1 款规定："抵押期间，抵押人可以转让抵押财产。当事人另有约定的，按照其约定。抵押财产转让的，抵押权不受影响。"这个规定是对《物权法》第 191 条抵押期间转让抵押财产的规定作出的重大调整，充分发挥物的效能，与时俱进，彰显法的进步。

争点热评

购买房屋一定要分清是商品房还是二手房，如果不是从房地产公司直接购买的，即便是未入住的"新"商品房，也可能是二手房。购买二手房一定要查验卖方有无房产证，是否有抵押、查封，否则很可能上当受骗，房财两空。

本案在当时的房地产市场中具有一定的普遍性。人们按照以往的生活经验买卖房屋，没有产权意识，更没有对商品房、二手房进行深入了解，对按揭贷款购房知之甚少。当然，目前这种现象大有改观，但是新问题还在不断出现。为了资金周转快速融资，双方明知是按揭购买商品房，协商同意即进行买卖或变相担保，导致案件纠纷法官难断，我们会在以后的案例中作进一步分析。

16 承租人的权利

【基本案情】

2006年3月，郑先生将自己的门面房出租给康先生，租期3年。一年后，郑先生因需要资金周转，以该门面房作抵押，向朋友马先生借款10万，办理了为期一年的抵押登记。2008年3月，郑先生无力还款，与马先生协商，将门面房折价35万元转让给马先生，马先生再返还给郑先生25万元，双方债权债务终结。同年4月，马先生手持门面房转让协议、房款支付凭证，找到康先生说，该门面房已经转让给自己，请康先生一个月内搬走。康先生不服，向人民法院提起诉讼，请求判令门面房转让协议无效，确认同等价位自己有优先购买权。人民法院支持了康先生的诉求。

【法理精析】

本案中的康先生是承租人，郑先生是出租人、抵押人（债务人），马先生是抵押权人（债权人）。《合同法》第230条规定："出租人出卖租赁房屋的，应当在出卖之前的合理期限内通知承租人，承租人享有以同等条件优先购买的权利。"《物权法》第179条规定，抵押权人（债权人）对抵押财产有优先受偿权。但是法律并没有规定抵押权人对抵押财产有优先购买权。所以，正常的法定程序是，当无力偿还到期债务时，郑先生欲卖房还债，应当先向康先生发出卖房要约，待达成协议后，将部分售房款偿还给马先生。如果康先生放弃优先购买权或者无力购买，同等条件下马先生可以购买。借款债务清偿后，还应当办理房屋抵押注销登记。

最高人民法院印发的《关于贯彻执行〈中华人民共和国民法通则〉若干问题的意见（试行）》第118条规定："出租人出卖出租房屋，应提前三个月通知承租人，承租人在同等条件下，享有优先购买权；出租人未按此规定出卖房屋的，承租人可以请求人民法院宣告该房屋买卖无效。"据此，人民法院支持了康先生的诉讼请求。

争点热评 >>>>>>>>>>>>>>>>>>

　　法律赋予承租人和抵押权人不同的权利，两个有着不同的界限，误用了权利，并不能得到法律的保护。本案中的马先生把优先受偿权当成了优先购买权，南辕北辙，适得其反。

　　房屋租赁是房地产市场的重要组成部分，涉及公司办公、公民居住、个体经营等方方面面，也是纠纷的多发区。

17 儿童房产不得随意转让

【基本案情】

2007 年 6 月，市民林先生给 2 岁的儿子小宝购买了一套商品房，并以小宝的名义申请办理了房屋登记。2008 年 6 月 1 日，林先生做生意急需资金周转，以 35 万元的价格将该房屋卖给了杜先生，双方约定签订合同之日起 2 个月内，买方将 35 万元购房款支付给卖方，卖方代理买方办理房产过户登记，违约金 1 万元。同年 7 月 20 日，杜先生向林先生支付了全部购房款，而一直到 9 月 1 日杜先生的房产证还没有办成，杜先生要求林先生返还购房款并赔偿违约金 1 万元。原来，林先生到房产管理部门申请代办房产过户登记时，工作人员审核后决定不予办理。

【法理精析】

林先生是小宝的法定监护人，可以以法定代理人的身份处理小宝的相关事宜；作为完全民事行为能力人，也可以接受委托为杜先生申请办理房产证。《中华人民共和国民法通则》（以下简称《民法通则》）第 18 条第 1 款规定："监护人应当履行监护职责，保护被监护人的人身、财产及其他合法权益，除为被监护人的利益外，不得处理被监护人的财产。"小宝虽然不具有民事行为能力，但是具有民事权利能力，小宝可以拥有自己财产。为了小宝的利益，林先生可以为小宝购买房屋，并代理申请办理房产证。为小宝购买房屋是林先生的赠与行为，房产证登记在小宝名下，房屋所有权应当归小宝个人所有。除非为了小宝上学、治疗等必需事项，林先生不得处分小宝的房产。林先生为了个人做生意，即便是急需资金，也不可转让小宝的房产。所以，房产管理部门工作人员拒绝了林先生的申请。如果杜先生事先并不知道购买的房屋，是林先生擅自处分的小宝的房产，杜先生并没有过错，可以要求林先生承担违约金；否则，也很难得到赔偿。

《民法典》第 35 条第 1 款规定："监护人应当按照最有利于被监护人的原则履行监护职责。监护人除为维护被监护人利益外，不得处分被监护人的财产。"该条同时也规定了对未成年人权益的保护，保持法的稳定。不动产登记机构在办理不动产登记时，不但要按照法定程序办理，还要对实体权利进行审查，确保登记的合法性。

争点热评

现在有些家长为了避免出现房产纠纷，同时规避税费，购买房产时将产权登记在孩子名下。而且错误地认为，房产登记在谁的名下无所谓，都是自己的，需要的时候可以随时处分。本案中，林先生可能就持有此种对法律的误解。所以，办理房屋登记要慎重，儿童房产不可随意转让。

家庭财产和个人财产界限越来越清晰，是现代社会的发展趋势，过时的家庭财产观念被逐步破除，未成年人的权益保护也在逐渐加强。房地产已经不仅具有单一的使用居住功能，还具有融资担保功能，不动产登记对于企业和家庭至关重要，稍有不慎，很可能会带来不必要的麻烦和经济损失。

18 转让房产不得随意反悔

▶【基本案情】

2005 年 5 月，市民齐女士将自己的房屋以 8 万元的价格卖给王先生，并于同年 8 月办理了房产过户登记。2007 年 5 月，因房价上涨，齐女士认为自己的房子卖亏了，想把房子要回来，就咨询律师。她告诉律师，在办理房产过户时，自己并未在场，是王先生一人申请办理的房产过户登记手续。律师认为，如事实果真如此，房子有望要回。齐女士不放心，又到房管局咨询。工作人员通过调取档案询问了齐女士之后，告知她转让的房子不能反悔。

⚖【法理精析】

齐女士所谓的要回房屋，就是解除房屋买卖合同，退还房屋返还房款。《合同法》第 44 条规定："依法成立的合同，自成立时生效。法律、行政法规规定应当办理批准、登记等手续生效的，依照其规定。"城市公民之间的房屋买卖不需要政府部门审批，办理房产过户登记也不是合同生效的要件，而是物权的设立，也就是说该房屋所有权已经转移到王先生的名下。2005 年 5 月，齐女士与王先生签订了房屋买卖合同，以合理的价格将房屋转让给王先生，之后无论市场房价如何变化，双方均应当遵守诚信原则不能反悔。《合同法》第 135 条规定："出卖人应当履行向买受人交付标的物或者交付提取标的物的单证，并转移标的物所有权的义务。"即使合同没有约定，出卖人也应当协助办理房产过户登记，这是出卖人的法定义务，事实上齐女士也履行了房产过户登记义务。

办理房产过户登记，买卖双方本应当到房屋登记机构申请，但是齐女士将房产证、居民身份证等有效证件交给王先生，并出具委托书，授权王先生代理申请，房屋登记机构依法予以办理了房产过户登记。

争点热评 ›››››››››››››››››››››››

　　房地产市场房价波动是正常现象，有时还会像股票市场一样出现大的震荡。所以在房屋买卖过程中，既要讲诚信，又要有风险意识、法律意识，世上没有后悔药。

　　本案简单，但是时常发生。从我国房地产市场的发展行情看，房价虽然有小幅震荡，但是从总的趋势上看，可以说是一路上扬，这是早期很难看到的，好在这种趋势到 2019 年之后逐步得到遏制。

　　办理不动产登记分为双方申请和单方申请两类，大多数属于双方申请，如房屋买卖过户登记。不动产登记允许公民提出代理申请，但是本案中卖方授权买方代理办理房屋登记，虽然不会影响房屋登记的效力，但是双方有利害关系，程序上存在瑕疵。

　　房地产市场虚假交易、以假充真的现象时有发生，不动产登记机构正在逐步规范登记程序，运用信息技术，甄别申请人的身份，保护权利人的合法权益。

19 处分夫妻共同房产谁做主

【基本案情】

1999年2月，黄先生和吕女士结婚。一年后黄先生分到一套单位集资房，并以自己的名义办理了房产证。2005年3月，夫妻双方购买了一套商品房，以10万元的价格将集资房转让给郑先生。同年4月，黄先生协助郑先生办理了房产过户登记。2007年3月房价上涨，吕女士以未经本人同意、侵犯夫妻共有权为由，向人民法院分别提起民事和行政诉讼，请求撤销房屋买卖合同和郑先生的房产证。

【法理精析】

按照房地产交易习惯，虽然卖方房产证记载的所有权人是夫妻一方，但在签订房屋买卖合同时，买方往往要求卖方夫妻双方到场签字；只有少数情况下，只要求房产证记载的一方所有权人签字。在办理房产过户登记时，房产管理部门依据《城市房屋权属登记管理办法》的规定，只要房产证记载的所有权人和购买人依法共同申请，就可办理房屋过户登记。所以，房产管理部门为黄先生和郑先生办理的房产过户登记并无不当。

《婚姻法》第17条规定，黄先生和吕女士婚后购买的单位集资房，虽然房屋登记在黄先生名下，但仍然属于夫妻共有财产。但是，《最高人民法院关于适用〈中华人民共和国婚姻法〉若干问题的解释（一）》第17条规定："夫或妻非因日常生活需要对夫妻共同财产做重要处理决定，夫妻双方应当平等协商，取得一致意见。他人有理由相信其为夫妻双方共同意思表示的，另一方不得以不同意或不知道为由对抗善意第三人。"

郑先生以当时的市场价购买房屋后，领取了房产证，居住两年之久相安无事，待房价上涨时，吕女士才认为丈夫和郑先生侵犯其财产权，违反常理。

很显然，黄先生是善意购买人，已经取得了房屋所有权，即使吕女士不知道，也没有侵犯其财产权，其财产并没有受到损害。

从程序上讲，依据《合同法》第 55 条的规定，具有撤销权的当事人自知道或者应当知道撤销事由之日起一年内没有行使撤销权的，撤销权消灭。很显然，吕女士的撤销权已经消灭。

原建设部制定的部门规章《城市房屋权属登记管理办法》，是 2008 年之前各地房地产管理部门办理房屋登记的依据，之后被《房屋登记办法》所取代；后来原国土资源部于 2016 年制定的《不动产登记暂行条例实施细则》（后于 2019 年修正）又取代了《房屋登记办法》。

《不动产登记暂行条例实施细则》仍然以登记簿记载的权利人为当事人，办理不动产登记，其他人员排除在申请人之外，与之前的房屋、土地登记一致。《民法典》与《婚姻法》一样，保持夫妻财产制度的传承。

争点热评 ≫≫≫≫≫≫≫≫≫≫≫

改革开放 40 多年来，我国的法治建设逐步完善，做人要厚道，搞不好聪明反被聪明误。

传统的夫妻财产关系，大部分是共有关系，特别是在欠发达地区更是如此。然而在发达地区，家庭财富剧增，而房地产又是家庭的主要财产，越来越多的夫妻从财产共有制转向各自所有制，房屋登记在谁名下，谁就是房屋所有权人，既符合物权法定原则，也符合夫妻财产约定制度，是经济发展的趋势。

20 房屋买卖岂能当儿戏

【基本案情】

2008 年 12 月 8 日，市民贾先生来到房产管理部门咨询，称最近购买了一套二手房，想办理房产证，听说按房屋赠与办理房产过户登记，可以少缴税金，问自己可否以此方式办理房产证？工作人员告知贾先生，如果这样做，将来隐患大，建议不要冒险。

【法理精析】

房产过户登记实质上就是房屋所有权转移登记，是因房屋买卖、赠与、入股、抵债等原因产生的所有权转移登记。办理房屋转移登记，登记机构要收取申请人双方签订的协议，并记载于登记簿。税务机关将依据不同的类型收缴税金，个人无偿赠与或受赠不动产免征营业税、个人所得税。

买卖合同是有偿合同，而赠与合同是无偿合同，两者有着本质的区别。房屋等重大财产的赠与，通常是近亲属或者有扶养关系人之间的赠与，无利害关系人之间极少发生赠与行为。依照《合同法》第 192 条规定，出现法定事由，赠与人还可以撤销赠与。如果把房屋买卖当作房屋赠与办理房产过户登记，房屋出卖人反悔，借故撤销赠与要求返还房屋，或者以申报不实为由，请求人民法院撤销贾先生的房产证，贾先生将后悔莫及。

争点热评

房屋买卖是人生大事，不要为了减少纳税规避法律，把房屋买卖当作房屋赠与办理房产过户登记；否则，将会因小失大得不偿失。

房地产税收有一个发展过程，为了促使房地产市场交易，早期只征收契税和印花税，购买房改房和单位集资房还可以减免契税。2008 年之后，房地产税种逐步增多，税金自然上浮。房地产税已经成为当地政府财政的主要来源之一，但是无形中也增加了交易成本，大宗房地产交易量有所下降。

十二、2009 年 18 个房地产案例

21 依法登记的房屋不予更正登记

▶【基本案情】

2008 年 12 月 26 日上午，市民王先生来到房产管理部门，自称：自己单身一人，一直在南方打工，房产证交给妹妹保管。最近因故返回许昌，发现妹妹将房屋转让给其母亲，母亲已经去世，妹妹将该房对外出租，而王先生自己却没有了住处，请求房产管理部门将登记在母亲名下的房产更正到自己名下。工作人员经查核房产档案发现，2002 年 7 月单位房改时，王先生申请办理了房产证；2003 年 5 月，王先生将该房转让给了母亲，并办理了房产过户手续。工作人员告知王先生，他反映的情况并不属实，其母亲的房屋登记没有错误，无法办理更正登记。

⚖【法理精析】

《物权法》第 19 条第 1 款规定："权利人、利害关系人认为不动产登记簿记载的事项错误的，可以申请更正登记。不动产登记簿记载的权利人书面同意更正或者有证据证明登记确有错误的，登记机构应当予以更正。"房产管理部门是房屋登记机构，应当依法办理更正登记。王先生作为利害关系人，可以申请房屋更正登记。但是，从王先生母亲房产档案上并没有发现房屋登记存在过错，而房产证和登记簿记载的事项一致，与房产档案的记载一致。从登记程序看，是王先生将其房屋过户登记在母亲名下，而并非其妹妹转让给其母亲，登记机构为其母亲办理的房产证并无不当。所以，王先生的请求不属于房屋更正登记的范围，房产证无法更正到其名下。

王先生来到房产管理部门请求更正登记的根本原因，是家庭房产纠纷。其母亲已经去世，但房产还在母亲名下，该房产应当是母亲的遗产。兄妹之间应当协商解决遗产的继承问题，协商不成的，通过司法途径解决。

自 2007 年 10 月 1 日起施行的《物权法》设立了不动产更正登记和登记簿制度，更正登记实质上就是对登记簿和权属证书的纠错行为，登记簿是不动产权属及其演变的记录载体，可以是电子版或者纸质版。不动产档案是不动产登记的原始证据。不动产登记之后，领取不动产权证，其内容应当与登记簿一致。《民法典》吸纳了《物权法》的不动产登记制度，保持法的继承和稳定。

争点热评

法律有时是一把双刃剑，有可能伤害当事双方之间的亲情。所以，亲属之间应当和睦相处，出现纠纷协商化解，尽量不打官司，以免情财两伤。

22 同居期间所得房产属于谁

【基本案情】

2009 年 1 月 14 日，市民曲女士来到市房管局，称 2002 年她和高某举行了结婚仪式，2004 年以高某的名义购买了一套住房并办理了房产证，双方居住至今。现在两人关系恶化无法共同生活，自己同意分家，但是高某欲将其逐出家门。曲女士认为，该房产属于夫妻共有财产，自己也有一份，所以申请更正登记，请求在高某房产证上将自己登记为共有人。工作人员核实后得知，曲女士与高某只是举行了结婚仪式，并未办理婚姻登记，告知其不能办理更正登记，建议曲女士通过其他法律途径解决。

【法理精析】

我国对婚姻关系确立，实行的是婚姻登记制度。《婚姻法》第 8 条规定："要求结婚的男女双方必须亲自到婚姻登记机关进行结婚登记。符合本法规定的，予以登记，发给结婚证。取得结婚证，即确立夫妻关系。未办理结婚登记的，应当补办登记。"而《最高人民法院关于适用〈中华人民共和国婚姻法〉若干问题的解释（一）》第 5 条规定，在 1994 年 2 月 1 日之前，男女双方未办理结婚登记而以夫妻名义共同生活，已经符合结婚实质要件的，按事实婚姻处理。也就是说，男女双方没有依法办理结婚登记，又不符合事实婚姻关系的，只能认定为同居关系。曲女士与高某在 2002 年举行了结婚仪式，开始以夫妻关系共同生活，既没有结婚登记，又没有补办登记，且不符合事实婚姻的规定，属于同居关系。同居期间取得的财产，归各自所有，不是双方共同共有。但是能够有证据证明，是双方出资购买取得的财产的，应当按份共有。在解除同居关系时，一方有权取得属于自己的一份财产。当然，如果是高某个人购买的房屋，并登记在其名下，房屋所有权既不是共同共有，也不是按份共有，曲女士很难分到房产。

同婚姻登记制度类似，我国实行的不动产登记制度。男女一方请求将其名字增加在另一方房产证名下，如果是夫妻关系的，属于变更登记；如果是同居关系的，是赠与行为，属于转移登记。无论哪种登记，都需要双方共同申请才能办理。曲女士单方请求，房屋登记机构不可能也无法为其办理。

《婚姻法》及其司法解释已经废止，但其基本内容和司法理念已经为《民法典》所吸纳，继续实行婚姻登记制度，并完善了婚姻法律制度。

争点热评

生活中有人认为，举行了结婚仪式就是合法婚姻，这是对结婚的误解。由此而产生的纠纷，其处理的结果，往往对女方不利。因此，需要加大普法宣传，使人们知法懂法，善于利用法律武器保护自己的合法权益。

事实婚姻关系随着时间的推移，逐渐成为历史。而未婚同居现象却越来越多，成为一种社会现象，由此产生了一系列社会问题，更有甚者还有非法同居的，使财产纠纷案件不断上升。好在人们的法律意识不断提高，非法同居者也越来越少。

23 开发商延期交房应当承担违约责任

【基本案情】

2009 年 2 月 10 日，有市民向房产管理部门打电话反映，说自己在 2007 年购买了一套商品房，作为儿子结婚用房。合同约定于 2008 年 12 月 31 日之前交房，至今没有竣工验收，迟迟无法交房，儿子结婚遥遥无期，可否要求开发商赔偿损失。工作人员告知，商品房竣工验收合格是交付商品房的前提条件，因没有竣工验收导致无法交房，开发商应当承担违约责任。违约责任的依据是商品房买卖合同约定的违约条款，所以购房人只能按照约定要求开发商承担违约责任，而不能要求其承担因婚期推迟造成的损失。

【法理精析】

房地产开发商通常是指房地产公司。商品房是涉及人身重大安全的特殊商品，必须符合建设工程质量、规划、消防标准，才能安全居住。1998 年出台的《城市房地产开发经营管理条例》第 17 条第 1 款规定："房地产开发项目竣工，经验收合格后，方可交付使用；未经验收或者验收不合格的，不得交付使用。"即使商品房买卖合同对此没有约定，也应当按照该条例的管理规定办理。商品房先竣工，后验收，没有竣工，更谈不上竣工验收。资金紧张或者建设手续不全，是导致迟延竣工验收的主要原因，严重的还会出现烂尾。有的业主因工程质量问题，拒绝接收房屋，纠纷不断。因工程质量造成的伤害，就不是简单的违约责任，而是侵权行为，甚至是犯罪行为。

《合同法》第 114 条第 3 款规定："当事人就迟延履行约定违约金的，违约方支付违约金后，还应当履行债务。"除不可抗力引起的迟延交房外，房地产公司应当向购房人支付违约金，违约金低于造成的损失的，还可以要求增加，但是合同之外的间接损失很难得到赔偿。如果根本无法竣工交房，购房人可以行使解除权，解除商品房买卖合同，并要求赔偿损失。

2009 年时适用的是 1998 年制定的《城市房地产开发经营管理条例》，2011 年第一次修改时第 17 条并没有变化，2018 年至 2020 年经过多次修改，将其改为"房地产开发项目竣工，依照《建设工程质量管理条例》的规定验收合格后，方可交付使用"。这样就避免了工程竣工验收规范的冲突，两个条例相得益彰。

争点热评 >>>>>>>>>>>>>>>>

商品房买卖涉及方方面面，房价、面积、楼层、质量、办证等，而本案是延期交房问题。如果是单纯的延期交房，并不是主要问题，关键还涉及质量、竣工等重大问题，稍有不慎，购房人将遭受重大损失。如果商品房无法竣工已成烂尾，解除商品房买卖合同，有时并不是明智之举，因为此时房地产公司往往是资不抵债，购房人还要走上艰难的诉讼之路。这些都需要购房人慎重抉择。

24 商品房消费者如何维权

【基本案情】

2008 年王先生通过房产中介购买了郭先生的一套商品房，该商品房还没有交付。王先生支付了更名费、中介费以及房款共计 23 万元，并与开发商签订了商品房买卖合同。然而让王先生没有想到的是，2009 年接收房屋时，发现比合同约定的日期晚了 115 天。为此，王先生先找到开发商索要违约金，开发商表示，王先生购买的是郭先生的房子，与开发公司无关。王先生又找到郭先生，郭先生说，通过房产中介，王先生与开发公司重新签订了商品房买卖合同，与他也无关。王先生只好又找到房产中介，房产中介表示：房产中介只是中间人，交易完成，延迟交房与中介无关。无奈，王先生向市消费者协会反映，通过消协的努力，郭先生向王先生支付了 1264 元违约金。

【法理精析】

商品房购买人也属于消费者，可以向消费者协会请求帮助。但是消协是社会民间组织，只能起到调解作用，并没有强制作用。房地产市场专业性强，消协的调解作用常常受到限制。而司法途径成本高、效率低，小额标的诉讼得不偿失。

本案违约金标的虽然不大，但是维权之路并不容易，原因是涉及的当事人太多，相互推诿，王先生奔波数月，才得到一点补偿。王先生通过房产中介购买郭先生出售的房屋，而后者购买的是房地产公司未交付的商品房（预售商品房）。郭先生不可能办理房产证，无权转让，王先生支付更名费、中介费，与房地产公司重新签订商品房买卖合同。最终王先生与房地产公司形成了商品房买卖合同关系。当延期交房王先生要求支付违约金时，房地产公司不予认可。房地产公司认为郭先生是出卖人，其已从中获利，应由其承担责任。从法律上讲，王先生与房地产公司就是商品房买卖合同的当事人，应当由房地产公司承担延期交房违约金，而郭先生在退出商品房购买人之时的确从中获利，由其支付违约金也只是一种平衡。

《城市房地产管理法》第 46 条规定："商品房预售的，商品房预购人将购买的未竣工的预售商品房再行转让的问题，由国务院规定。"对预售商品房再行转让，法律授权国务院制定相关规定，但是至今仍没有出台相关规定。但是这并不影响预售商品房再行转让合同效力的认定，再行转让仍属于民事行为，属于合同法调整的范围，当然也应当适用现行《民法典》。

争点热评 ››››››››››››››

购买房屋要会识别商品房和二手房，购买商品房应当直接与房地产公司签订合同，如果通过房产中介购买，法律风险多多，轻者纠纷不断，重者上当受骗。

25 购买房屋谨防卖主在楼层上做文章

【基本案情】

2009 年 3 月 2 日，朱先生来到市房产管理部门，称年前购买了一处房产，为啥办不成房产证？经调查，原来朱先生购买的是汪某的自建房。汪某在市区自建一幢楼房，规划部门审批的是两层，在 2007 年申请办理了两层房产证之后，汪某又擅自在第二层之上加盖一层，两层楼房变成三层楼房，一层改为车库，二层、三层改为住宅。2008 年，汪某将楼房对外出售，朱先生购买的是第三层。汪某告诉朱先生，此房有房产证，一层是车库不算，二层、三层分别是房产证上的一层、二层，将来可以办理房产过户手续。朱先生信以为真，支付 30 万元购房款后，房产过户却迟迟无法办理。现在汪某全家又不知去向，朱先生是左右为难。

【法理精析】

房屋所有权证（房产证）是房屋所有权的合法凭证。办理房屋过户登记实质上就是房屋转移登记，只有依法登记取得房产证的房屋才可以办理房屋过户登记。汪某建造的两层楼房属于合法建筑，房屋登记机构只能为其办理两层房屋的房产证，而且房产证记载的只能是一层和二层。汪某领取房产证之后，擅自加盖的第三层属于违章建筑，房屋登记机构不但不予登记办证，而且还有可能被规划管理部门责令限期拆除。汪某告知朱先生第三层相当于第二层，可以办理房产过户手续，完全是欺诈行为。

争点热评

房地产市场，受经济利益驱动，总有人会铤而走险，使无知购房人上当受骗。所以购买房产一定要小心，遇到不懂的专业问题，事先向专业人士请教，千万别做事后诸葛亮。

关于楼层问题，不光存在于自建房，在单位集资建房、商品房等领域也时有发生。主要问题是批少建多，直接影响到房屋竣工验收、房产登记办证等重大问题，由此产生了一系列矛盾纠纷。相信随着房地产开发建设管理的逐步完善，批少建多的现象将会越来越少。

26 房子为何办不成房产证

【基本案情】

近日，市民李先生给市房产管理部门写信反映，几年前单位向某建设单位集体购买两栋住宅楼，解决职工住房困难。当时单位代收了购房款、房产证代办费等费用。房子已经住了好几年，至今没有办理房产证，单位原经办人员退休后失去联系，不知如何是好。经工作人员查询房产档案发现，李先生反映情况属实，两栋楼房只有一栋办理了房产大证，均没有办理分户房产证。建议李先生督促单位和建设单位协助办理分户房产证。

【法理精析】

集体购房就是团购房，由职工单位出面以优惠价购买商品房或集资建房。本案应当是单位代理职工购买建设单位的集资建房。房产大证就是办理房屋初始登记后，取得的房产证。初始登记应当登记在建设单位名下，分户房产证就是房产过户登记后，职工领取的房产证。职工和建设单位是房屋买卖关系，而职工单位只是职工购买房屋和房产分户办证的代理人。

办理分户房产证的前提条件是先办理房产大证，再从房产大证过户登记到职工名下。两幢房屋只有一幢办理了房产大证，并且没有办理分户房产证。如果李先生所在的楼房办理了房产大证，就可以直接办理分户房产证；如果其所在的楼房没有办理房产大证，则应当先办理房产大证，再办理分户房产证。如果办理房产大证的申请材料不齐全，房产大证和分户房产证就很难办理。因建房审批手续由建设单位持有，购房名单和费用由职工单位持有，无论是办理房产大证还是分户房产证，职工个人均无法完成，需要职工单位和建设单位协助办理才能完成。另外，单位办证经费不足，或者经费被挪用，也是职工办证难的原因。

争点热评 »»»»»»»»»»»»»»»»

　　为了解决职工住房困难，出现了合作建房、合资建房、集体购房的现象，一方面缓解了住房压力，另一方面也带来了一些问题。房产办证难，就是其中的问题之一。单位为职工办实事，应当善始善终，不应当因人员变动而虎头蛇尾。

　　撇开土地不说，仅就城市房屋而言，我国的房地产市场经历了自建房、房改房、集资房、经济适用住房、租赁保障住房、商品房的发展过程。城市房屋既承载了居住和办公功能，又具有融资担保功能，发挥了巨大的经济效益。 但是不同类型的房屋，是不同的历史阶段和法律政策的产物，发挥的物权效能也不尽相同，出现问题时既要尊重历史，遵循法不溯及既往原则，又要善于适用新法优于旧法，妥善化解纠纷。

27 身负债务无权赠与房产

【基本案情】

何先生和刘女士是夫妻，与吴先生是朋友。2005 年 3 月 25 日，何先生向吴先生提出借款 30 万元，吴先生当天在外地农业银行支行以异地存款的方式，向刘女士的账号存入 30 万元。2006 年 6 月 22 日，为逃避夫妻共同债务，何先生与刘女士协议离婚，离婚协议约定，将位于市区某小区、产权登记在刘女士名下的一套住房赠与儿子小宝。同年 10 月 25 日，何先生向吴先生出具了 30 万元的借条。后因何先生拒绝偿还借款，2007 年 3 月吴先生将何先生和刘女士告上法庭，申请人民法院查封刘女士名下的房产，请求判令撤销赠与房产行为、二人共同偿还借款本息，互负连带责任。2008 年 3 月，人民法院作出判决，依法支持了吴先生的诉讼请求。

【法理精析】

何先生和刘女士婚姻关系存续期间，何先生向吴先生借款，吴先生向刘女士账号存款，说明刘女士对其丈夫的借款是明知并且已经得到借款的，尽管何先生是离婚后给吴先生出具的借条，但仍不能排除是夫妻共同债务。

何先生和刘女士为了逃避债务，协议离婚，并将房屋赠与儿子，是无偿转移财产的行为。吴先生与何先生夫妻的借款合同是不定期借款合同，吴先生可以随时要求返还。如果何先生夫妻在借款之前，该房屋已登记在小宝名下，是小宝的个人财产，吴先生无权对该房屋申请查封保全。但是，《合同法》第 74 条第 1 款规定："因债务人放弃其到期债权或者无偿转让财产，对债权人造成损害的，债权人可以请求人民法院撤销债务人的行为。债务人以明显不合理的低价转让财产，对债权人造成损害，并且受让人知道该情形的，债权人也可以请求人民法院撤销债务人的行为。"该法第 75 条规定，撤销权自债权人知道或者应当知道撤销事由之日起一年内行使。很显然，吴先生既没有超过两年的诉讼时效，也没有超过一年的撤销权期限。所以，吴先生既可以申请财产保全，又可以行使债权人的撤销权。

《合同法》和《婚姻法》及其司法解释已经废止，《民法典》及其相应的司法解释将发挥巨大作用。《民法典》第 188 条将普通诉讼时效规定为三年。《民法典》第 538 条规定的"债务人以放弃其债权、放弃债权担保、无偿转让财产等方式无偿处分财产权益，或者恶意延长其到期债权的履行期限，影响债权人的债权实现的，债权人可以请求人民法院撤销债务人的行为"，丰富完善了《合同法》第 74 条的内容。

针对婚姻关系的变化，2003 年到 2018 年最高人民法院相继通过四个司法解释，分别是 2003 年 12 月 4 日通过的《最高人民法院关于适用〈中华人民共和国婚姻法〉若干问题的解释（二）》、2011 年 7 月 4 日通过的《最高人民法院关于适用〈中华人民共和国婚姻法〉若干问题的解释（三）》、2017 年 2 月 20 日通过的《最高人民法院关于适用〈中华人民共和国婚姻法〉若干问题的解释（二）的补充规定》、2018 年 1 月 8 日通过的《最高人民法院关于审理涉及夫妻债务纠纷案件适用法律有关问题的解释》，对夫妻财产的认定和共同债务的承担进行调整和规范。

争点热评

本案虽然简单，但是却反映出一种不良的社会现象。市场经济日趋活跃，民间借贷逐渐增长，但是为了追逐利益、逃避债务，丧失诚信、虚假离婚现象屡见不鲜。

改革开放一方面促进了市场经济的快速发展，另一方面社会风气也随之发生变化，直接影响到诚信体系、夫妻关系。夫妻关系经历了从二人一致对外，到财产内部纷争，再到回归自然的变化过程。一致对外，是指夫妻之间相互配合，虚假离婚、转移资产逃避债务；内部纷争，是指在家庭内部财富分配和外部债务承担上出现纷争，夫妻一方私自转移资产，甚至与第三方恶意串通伪造虚假债务，造成离婚率上升；回归自然，是指近几年来人们回归理性，离婚率有所下降，逐步回归正常生活。

28 夫妻一方不必阻止另一方办证

【基本案情】

2009 年 4 月 28 日，一位女士来到市房产管理部门，称婚后购买了一套住房，是丈夫单位的集资房，购房手续写的是丈夫的名字，他想申请办理房产证。现夫妻关系不好，房产一旦登记在丈夫名下，对自己更加不利，询问能否阻止丈夫办证。工作人员告诉该女士，夫妻一方阻止另一方办理房产证，没有实际意义。

【法理精析】

根据《婚姻法》第 19 条的规定，夫妻双方的财产可以分为法定的共同所有制和约定的各自所有制或混合所有制（部分各自、部分共同共有）。约定应当采取书面形式。在中西部地区，夫妻之间对财产归属很少有约定的，而在沿海地区夫妻之间约定财产各自所有的不在少数。没有合法有效明确的书面约定，婚后购买房屋等重大财产应当认定为夫妻共同财产。

购买房屋特别是集资房、房改房，一般情况购房手续只有一方的名字，办理房屋登记时，登记簿和房产证记载的所有权人也只能是一方。《物权法》第 16 条规定"不动产登记簿是物权归属和内容的根据"，也就是说登记簿和房产证载明的所有权人是谁，谁就是房屋所有权人。但是《物权法》与《婚姻法》相比，前者是一般法，后者是特别法，同一位阶的法律，根据特别法优于一般法的原则，后者优于前者。对于夫妻财产的确认，当两部法律发生冲突时，应当首先适用《婚姻法》。本案中，即便房产证登记在丈夫一人名下，仍然属于夫妻共有财产。所以，夫妻一方不必阻止另一方办证。

争点热评 》》》》》》》》》》》》》》》

　　本案的根本问题并不是房产办证，而是夫妻关系问题。像前一个案例分析的那样，市场经济的快速发展，已经影响到婚姻家庭的稳定，处理好婚姻关系，财产关系就不会出现问题；否则，家庭婚姻的稳定性就会遭到破坏，财产纠纷不断。

　　本案中，房屋所有权虽然属于夫妻共有，但是如果丈夫办理房产证之后，私自转让，妻子没有及时发现，第三人善意取得，妻子的权利仍然会受到损害。即使通过司法途径，其利益也很难得到保障。没有法律是万万不行的，但法律也不是万能的。

29 购买房屋不能贪图便宜

【基本案情】

2009 年 4 月 29 日，市民任女士来到市房产管理局，称两个月前购买了一处房产，预支了 15 000 元后就找不到卖房人了，请求帮助解决。原来，房产中介给任女士推荐一套住房，价格比较便宜，任女士决定购买。卖方高女士是离异女子，她告诉任女士：房产证上写的是女儿的名字，而女儿还不到 18 岁，因其在北京上大学急需用钱，高女士遂决定卖房。房产证可以先给任女士，但是要先支付 15 000 元，等交房时再把剩余房款一次付清。任女士认为，有房产中介作保，有房产证抵押，房子又跑不了，不会有问题。当天双方签订了房屋买卖合同，约定一个月后办理房产过户登记，任女士预付了 15 000 元房款，高女士交付了房产证。之后，任女士再也联系不上高女士，到派出所报案，民警认为是经济纠纷，无奈求助房产管理部门。经查询房产档案，发现任女士持有的房产证不是原房产证，而是高女士代理女儿申请丢失补办的房产证。工作人员告诉任女士，问题比较复杂，房产管理部门无能为力。

【法理精析】

房产证不慎丢失可以申请补办，如果房屋所有权人是未成年人，可以由其法定代理人申请补办。但是，房产证丢失的情形不多见，大多情况是因家庭纠纷房产证被藏匿，或存放家中无法找到。高女士作为女儿的法定代理人，可以代理女儿申请补办房产证，补办后原房产证自行作废，但是两个房产证记载的内容完全一致，所有权人仍是女儿。除非有证据证明是为了女儿的利益，高女士不得处分该房产。因高女士失去联系，其真实目的无法证实，不由得让人产生联想。如果原房产证没有丢失，而是被高女士故意藏匿，高女士还有可能利用原房产证将该房屋再行转让或私下抵押。但是在房屋买卖活动中，没有证据证明高女士是诈骗行为的，公安机关无法立案。

争点热评 »»»»»»»»»»»»»»

在本案中，房产中介存在过错，违背了基本的常识和义务，促使任女士购买了有重大瑕疵的房屋，应当承担相应的责任。而任女士自身也有过错，贪图便宜，缺乏法律知识和风险意识，遭受不必要的损失。任女士要想追回损失，只有通过司法途径解决。

无论购买商品房还是二手房，决不能贪图便宜，否则很可能受骗上当。房地产市场风险不断，有销售风险、融资风险等商业风险，还有政策风险、意外风险，但是最可恶的是欺诈风险。房地产诈骗虽然花样百出，但是只要我们具有相应的专业知识和法律意识，就能看穿骗子的诈骗伎俩，不会吃亏上当。

30 一处房产母女相争

▶【基本案情】

陈女士离异后，带着儿子回娘家居住。2008年5月，陈女士与父母发生纠纷，称房子是自己的，父母应当搬回老宅。其母亲陈老太一气之下，将女儿告上法庭，请求人民法院确认该房产归其和老伴共有，并向法庭提供了商品房买卖合同、装修合同和装修费用等有关票据，以及陈女士离异后生活困难等证据材料，证明该房是陈老太夫妇购买。陈女士向法庭提供了其名下的房产证等证据材料。法庭经审理查明，陈女士是独生女，2006年6月离异后和父母居住在老宅。之后，陈老太夫妇想按揭购买一套商品房，因两人均已退休不符合按揭购房条件，就以陈女士的名义按揭购买该商品房。房产证所有权人、商品房买卖合同购房人以及按揭还款人均为陈女士，装修费付款人、装修合同签约人以及每月按揭还款经办人均为陈老太。2007年6月，母女俩一同到房管局为陈女士办理了房产证。后来陈老太发现女儿交友不慎，多次干预，逐步产生矛盾。经开庭审理，人民法院依法判决驳回陈老太的诉讼请求。

⚖【法理精析】

本案争议的焦点是，房产证在陈女士名下，而购房装修出资人是陈老太夫妇，房屋所有权到底属于谁。陈女士房产证办证时间虽然在《物权法》施行之前，但是物权法定原则并没有改变，该法第16条规定："不动产登记簿是物权归属和内容的根据。"房产证与登记簿的内容一致，所以房产证是确认房屋所有权人的合法凭证。从《物权法》上讲，陈女士是该房屋的所有权人。陈老太提起民事诉讼，请求人民法院确认该房产归其和老伴共有，很难得到支持。

陈老太以陈女士名义按揭购房，有两种可能：借名购买或者是赠与购买。前者是陈老太夫妇借女儿之名和条件给自己购买房产；后者是借名购房后，又将房产赠与女儿，两种情形均比较微妙，母女之间很少有书面证据。陈老太要想达到自己的目的，只能请求女儿返还房产或者撤销赠与，但是从证据的证明力和法定条件上讲，其诉讼请求也难以支持。

争点热评

本案产生的根本原因是，房产证在女儿名下，母亲害怕女儿受骗，阻止女儿乱交朋友，矛盾爆发。处理家庭纠纷，有时法律也是无能为力的，诉讼也不一定是最佳途径。

银行为了保证贷款按时收回，给按揭购房贷款设置了前置条件，例如必须是本市居民或在本市有一定工作年限，有固定收入的人员，而一个家庭有两套以上住房、非本市居民或在本市工作年限不到、退休人员，银行不予办理按揭购房贷款。正因如此，为了按揭贷款购房，购房人想尽各种办法按揭贷款，有借名的、有开假证明的、有假转让房产的、有假离婚的还有假结婚的等，五花八门花样百出，由此产生了一系列的社会问题，应当正视，避免劳民伤财，产生不必要的纠纷或诉讼。

31 离婚时如何分割房产

【基本案情】

2009 年 7 月 14 日，一位老太太来到市房产管理局，称自己的小孩要离婚，双方已经签订好离婚协议，准备将仅有的一套房产一分为二，双方各分一室，客厅、卫生间和厨房为共有，不知道能不能办理房产证？律师说，离婚协议合法有效，应当能办理房产证。老太太不放心，又来到房产管理局咨询。工作人员告诉老太太，这种情形不能办理房产证。

【法理精析】

《房屋登记办法》第 10 条规定，房屋应当按照基本单元进行登记。国有土地范围内成套住房，以套为基本单元进行登记；非成套住房，以房屋的幢、层、间等有固定界限的部分为基本单元进行登记。所以，一个独立单元空间的套房，无法再分割办理房产证。只有私宅独院、排房或者楼房，便于分割、能够形成新的独立生活空间的，可以根据当事人协议分割房屋办理房产证。需要强调的是，房产分割办证的前提是具有原房屋所有权证。

自 2015 年 3 月 1 日起施行的《不动产登记暂行条例》第 8 条第 1 款规定的"不动产以不动产单元为基本单位进行登记。不动产单元具有唯一编码"，只是原则性规定。《房屋登记办法》已经废止，2016 年施行并于 2019 年修正的《不动产登记暂行条例实施细则》第 5 条第 4 款规定的"前款所称房屋，包括独立成幢、权属界线封闭的空间，以及区分套、层、间等可以独立使用、权属界线封闭的空间"，其基本内容与《房屋登记办法》第 10 条相一致，保持规章的继承和稳定性。当然《不动产登记暂行条例实施细则》还涉及除房屋之外的其他不动产登记。关于登记单元的规定，在此不再赘述。律师说离婚协议合法有效，主要是指符合《婚姻法》的相关规定。但是关于房屋的分割办证问题，涉及行政法的相关规定，该法并不适用，而应当依据《房屋登记办法》。房产管理部门尊重当事人的意思自治，但是涉及行政行为时，应当依法行政，其主要依据是行政法律、法规和规章。所以，遇到此种情况，建议将房产分给一方所有，并给予另一方适当补偿，或者将房产赠与子女所有。正所谓：缘分已尽始离婚，一套房产两人分；完整一体安能破，不如留下给子孙。

争点热评

本案反映的是我国当时的状况，婚姻已经处在不稳定期，离婚率开始上升，直接影响到子女和财产分割问题。离异后一方无房，如何居住已成为问题。《民法典》规定了居住权，专章设立了居住权制度，其中第 366 条规定的"居住权人有权按照合同约定，对他人的住宅享有占有、使用的用益物权，以满足生活居住的需要"，为离异无房者的居住权提供了法律保障。

32 我的房子我出租

【基本案情】

2009年6月22日，市民张先生给市房产管理局打电话，说自己的营业房出租给林先生，已经被拖欠了几个月的房租。今天再次催缴时，林先生竟然说："生意不好，光装修费就花了很多钱，不行你把装修费给我，我把租金给你。"张先生气得不知如何是好。

【法理精析】

房屋租赁，出租人应当按时提供房屋，承租人应当依约支付房租。《合同法》第227条规定："承租人无正当理由未支付或者迟延支付租金的，出租人可以要求承租人在合理期限内支付。承租人逾期不支付的，出租人可以解除合同。"该法第223条规定："承租人经出租人同意，可以对租赁物进行改善或者增设他物。承租人未经出租人同意，对租赁物进行改善或者增设他物的，出租人可以要求承租人恢复原状或者赔偿损失。"也就是说，经催缴，在合理期限内林先生仍拒绝支付租金，张先生有权解除房屋租赁合同。如果装修房屋是经张先生同意的，解除房屋租赁合同时，可以不要求林先生恢复房屋原状或者赔偿损失；如果装修房屋未经张先生同意，解除房屋租赁合同时，还可以要求林先生恢复房屋原状或者赔偿损失。因生意不好，林先生不但不支付租金，反而要求张先生支付装修费，把经营的商业风险转嫁到张先生头上，是毫无道理的。正所谓：你租我的营业房，不交房租算哪桩；自古经商有风险，为何风险叫我扛。

争点热评

受2008年美国华尔街金融危机的影响，我国房地产市场受到极大冲击。

房屋租赁市场也难独善其身，经营性商业用房租赁受到的影响最为明显，租金难收的现象比较普遍，房屋租赁合同纠纷案件数量上升。自 2009 年 9 月 1 日起施行的《最高人民法院关于审理城镇房屋租赁合同纠纷案件具体应用法律若干问题的解释》（后于 2020 年修正），成为审理房屋租赁合同纠纷案件的及时雨。

　　房地产市场受多种因素的影响，有销售风险、管理风险、融资风险、财税风险等商业风险，还有宏观调控政策风险和国际金融风险，甚至是疫情等意外风险。2020 年以来，受新冠病毒疫情的影响，世界经济受挫，我国的经营性商业用房租赁市场萎缩，经营者难以承受高额的租金，政府要求国有房屋减少租金，而私有房屋租金自然水落船低。

33　我买房子谁签字

▶【基本案情】

2009 年 7 月 10 日，市民陈先生来到市房产管理局询问，王先生将一套房子卖给张先生，张先生又将该房屋卖给了自己（陈先生），房产证的名字还是王先生，现在张先生在房屋买卖协议上签了字，而王先生拒绝签字，怎么办？

【法理精析】

房产证是房屋所有权的合法凭证，房屋买卖凭房产证交易，没有取得房屋所有权证的房屋不得转让。张先生购买的是王先生的房屋，张先生没有办理房产过户登记取得房产证，虽然他与王先生签订的房屋买卖合同有效，但是没有取得房屋所有权，无权处分该房产。《合同法》第 51 条规定："无处分权的人处分他人财产，经权利人追认或者无处分权的人订立合同后取得处分权的，该合同有效。"《房屋登记办法》第 33 条规定，办理房屋转移登记，应当提供原房产证和房屋买卖合同等材料。因张先生未取得房产证，从严格意义上讲，陈先生与张先生签订的房屋买卖协议，王先生拒绝在上面签字，该协议并没有生效；即便王先生签字，该协议有效，陈先生也无法办理房产过户登记。正常的程序是，王先生首先协助张先生办理房产过户登记，之后，张先生协助陈先生办理房产过户登记。

张先生购买王先生的房屋之后，并未办理房产过户登记，而转让给陈先生从中获利，王先生与陈先生之间并没有任何法律关系、没有任何法律义务。而张先生与陈先生是房屋买卖法律关系，因张先生无房屋处分权，存在明显过错，其对陈先生遭受的重大损失，应当承担赔偿责任。陈先生既可以选择退房，又可以保持现状，无论何种方式，均可以要求张先生赔偿损失。但是没有房产证的房屋，总是存在着意想不到的隐患。正所谓：你若购买二手房，要和房主来协商；无证他是二传手，劝君千万莫上当。

争点热评)))))))))))))))))))))))

自 2016 年 1 月 1 日起施行的《不动产登记暂行条例实施细则》（后于 2019 年修正）第 38 条与《房屋登记办法》第 33 条相一致。

二手房交易过程中国家要征收多种税费。所以，有的购房人和炒房客为了减少支出，故意不办理房产过户登记；还有的房产中介，利用公证授权委托书，规避房产过户登记，从中获利。尽管这些民事行为不为法律所禁止，但是也隐藏着各种风险。

34 躲债离婚房产可否被执行

▶【基本案情】

2009 年 8 月 6 日，市民张先生来到市房产管理局反映，2007 年朋友程某因做生意向他借款 10 万元，约定一年后连本带息一并返还，可是债务到期后，程某借故不还。无奈，张先生将程某告上法庭，法院判决程某一个月内偿还张先生 10 万元本息。在此期间，程某与妻子办理了离婚手续，但离婚不离家，双方离婚协议约定，以程某妻子名义按揭购买的唯一住房归妻子所有。现在程某没有其他可供执行的财产，张先生不知如何是好。

⚖【法理精析】

《最高人民法院关于适用〈中华人民共和国婚姻法〉若干问题的解释（二）》第 24 条规定："债权人就婚姻关系存续期间夫妻一方以个人名义所负债务主张权利的，应当按夫妻共同债务处理。但夫妻一方能够证明债权人与债务人明确约定为个人债务，或者能够证明属于婚姻法第 19 条第 3 款规定情形的除外。"程某与妻子在张先生起诉期间协议离婚，不但不能证明是程某的个人债务，反而证明是夫妻共同债务，程某只是为了逃避债务而离婚。在婚姻存续期间，夫妻双方按揭购买房屋，即使购房人为妻子个人，该房产仍然是夫妻共同财产。即便程某夫妻协议离婚，将按揭购买房屋约定给妻子，程某妻子也有偿还义务，并不影响张先生向人民法院申请对该房产强制执行。当然，由于该房屋是按揭贷款购买，人民法院以拍卖、折价等方式强制执行该房产时，银行有优先受偿权；银行受偿后的剩余部分，由张先生在其债权范围内受偿，不足部分仍可以向程某及其前妻追偿。正所谓：房子本是不动产，离婚之后没法搬；欠债不还我起诉，拍卖房产来承担。

争点热评 »»»»»»»»»»»»»»

《婚姻法》第 19 条第 3 款只规范了夫妻个人债务，夫妻共同债务法律上尚属空白。自 2004 年 4 月 1 日起施行的《最高人民法院关于适用〈中华人民共和国婚姻法〉若干问题的解释（二）》第 24 条，规范了夫妻共同债务，填补了法律的空白，但是也是原则性规定，夫妻关系存续期间的债务为夫妻共同债务，把证明属于个人债务的举证责任分配给了夫妻一方。随着婚姻关系微妙变化和夫妻债务的日趋复杂化，2017 年、2018 年最高人民法院相继制定了司法解释，补充了《最高人民法院关于适用〈中华人民共和国婚姻法〉若干问题的解释（二）》第 24 条的规定，完善了夫妻共同债务的认定，把证明属于夫妻共同债务的举证责任分配给债权人。《婚姻法》及其司法解释已经废止，但是《民法典》第 1064 条规定了夫妻共同债务，顺应时代需要，吸纳了司法解释的智慧，使审理夫妻共同债务案件有法可依。

35 女友按揭购房 男友可否办证

【基本案情】

2009 年 8 月 10 日，市民李先生给市房产管理局写信反映，他和女友共同出资，以女友名义按揭购买了一套商品房。现在想办理房产证，女友同意将房产证办在李先生名下，行不行？

【法理精析】

按揭购买的商品房，在还贷期间也可以申请房屋登记办理房产证，只是此时的房屋所有权会受到一定的限制，因为银行对该房还享有抵押权，未清偿贷款本息或者未经银行同意，不得擅自处分该房产。李先生和女友共同出资按揭购买商品房，是婚前的合伙行为。根据《婚姻法》第 18 条规定，婚前财产归各自所有。但是，按揭购买商品房的交易习惯是不管是婚前还是婚后共同购买，签订预售商品房买卖合同、办理贷款抵押登记等，记载的购房人（抵押人）只有一人。房屋登记的基本原则是权利人主体一致，即要求办理房屋登记的申请人、购买人、抵押人、纳税人与登记的权利人相一致，也可以说是案卷排他性原则。既然商品房是以女友个人名义按揭购买的，预售商品房买卖合同等相关手续上的权利人也应当是女友，所以，房屋登记办证只能办在女友名下，而无法办在李先生名下。正所谓：恋人按揭商品房，婚前财产各一方；谁的名字谁办证，没名难办没商量。

争点热评

由于房价居高不下，婚前恋人之间合伙出资购房的越来越多。合伙购房特别是按揭购买商品房，涉及法律关系复杂，有的还涉及双方父母出资，出现高度混同。如果婚后家庭和睦，那是幸福的生活；如果出现婚前分手，或者是婚后离婚，加上房屋增值，如何分割房产将是对男女双方的极大挑战。这是社会发展的必然，也是当代年轻人及其父母不得不面对的现实问题。

36 原房主失联证难办

▶【基本案情】

2009 年 8 月 17 日，市民周女士给房屋登记机构工作人员打电话说，两年前购买了一套二手房，居住至今，现在想办理房产证，原房主一直躲着不见，可否直接到房屋登记机构申请办理房产证？工作人员告诉周女士，这种情形不可以办理房产证。

⚖【法理精析】

根据《房屋登记办法》第 12 条规定，房屋买卖，应当由买卖双方申请办理房产过户登记；自建房屋、继承房产、受遗赠房产以及依据人民法院、仲裁委员会的生效法律文书取得权利的房产，权利人可以单方申请办理房屋登记领取房产证。房屋买卖是买卖双方的合同行为，是双方意思表示，不是单方法律行为，不可以单方申请办理房产过户登记领取房产证。

房产过户登记实质就是房屋所有权转移登记，简称"房屋转移登记"。《房屋登记办法》第 32 条规定，买卖房屋事实发生之后，可以申请办理房屋所有权转移登记。可见，房屋转移登记是依申请的行政行为，由权利人自愿申请，只有提出申请，才可能启动房产过户登记程序。

虽然房屋转移登记自愿，但是房屋出卖人有义务协助买方办理房产过户登记。房屋买卖合同对房产过户登记有约定的，按照约定办理；没有约定的，依照《合同法》第 135 条的规定，卖方也有义务协助买方办理房产过户登记，这是出卖人的法定附随义务。如果卖方拒绝协助买方过户登记办理房产证，买方可以向人民法院提起诉讼，请求判令卖方履行协助义务。正所谓：房产过户不要拖，防止日后烦恼多；卖方如不守信义，吃了官司把户过。

争点热评 >>>>>>>>>>>>>>>

部分二手房购买人，怕费事或者为了减少费用，购买房屋之后，不办理房产过户登记，等到孩子上学、抵押贷款、再行转让、房屋拆迁补偿等急需使用房产证时，再找原房主办理房产过户登记。这时卖方要么提出增加房价，要么不予配合，更有原房主失联或者去世，办理房产过户登记出现难上加难的情况。如何解决房屋过户登记纠纷，司法途径并非首选，买卖双方协商处理才是最佳方案。由于房价居高不下，为推动二手房买卖，解决购房人的资金困难，银行逐步推行按揭贷款融资方式，但是按揭贷款的前提是买卖双方先办理房产过户登记。现在，二手房交易基本上都是以按揭贷款方式购买，房产过户登记办证量正在逐步提高。

自 2015 年 3 月 1 日起施行的《不动产登记暂行条例》（后于 2019 年修订）规定的不动产登记程序，与《房屋登记办法》相一致，房屋买卖、赠与、入股、抵押等登记办证，需要双方当事人共同申请办理。《民法典》第 598 条与《合同法》第 135 条相一致，体现了法的稳定性和继承性。

37 民间借贷为何要抵押登记

【基本案情】

2009 年 9 月 24 日，市民张先生来到市房产管理局咨询，因做生意资金紧张，向朋友王先生借款 20 万元。王先生要求张先生用房产抵押，并说报纸上讲，只有办理了抵押登记，抵押合同才有效，否则抵押合同无效。请问王先生说得对不对？工作人员告诉张先生，王先生说得不全对。

【法理精析】

由于有些人的诚信缺失以及商业风险的不断增加，个人之间的高额借贷通常需要以房屋、车辆等作抵押，以保证将来债权的实现。城市国有土地上建造的房屋，依法取得房产证的可以抵押，农村宅基地房屋不得抵押，这是我国现阶段既要推进经济快速发展，又要稳定农村村民住房的基本要求。

《物权法》第 15 条规定，当事人之间订立有关设立、变更、转让和消灭不动产物权的合同，除法律另有规定或者合同另有约定外，自合同成立时生效；未办理物权登记的，不影响合同效力。也就是说，除不可抵押的房屋外，房屋抵押合同签订后就已生效，不办理抵押登记对合同的效力并不产生影响。而自 1995 年 10 月 1 日起施行的《中华人民共和国担保法》第 41 条规定，当事人以财产抵押的，应当办理抵押物登记，抵押合同自登记之日起生效。该规定与《物权法》第 15 条相冲突，根据新法优于旧法的原则，对于抵押合同效力的认定，应当适用《物权法》。

不办理抵押登记，房屋抵押合同虽然生效，但是抵押权并未设立，债务人不清偿到期债务的，债权人对该房产不享有优先受偿权。而办理抵押登记的前提是，当事人应当先订立房屋抵押合同。车辆等动产抵押的，自抵押合同生效时抵押权设立，但是不办理抵押登记的不得对抗善意第三人。

不管怎么讲，王先生还是具有防范风险的法律意识的。朋友之间的高额民间借贷，既要讲情义，又要依法办事，否则后悔莫及。正所谓：如今经济发展快，个人之间有借贷；借钱最好有担保，抵押登记君快来。

争点热评 ▸▸▸▸▸▸▸▸▸▸▸▸▸▸▸▸▸▸▸

受 2008 年美国华尔街金融危机的影响，国家调整货币政策，收缩银根，民间借贷逐步兴起，个人之间、企业之间、个人与企业之间借贷频繁，但是有借不还的案例不断出现，要账难已经成为社会普遍现象。2016 年民间借贷风波之后，借贷担保特别是抵押担保已经成为人们接受的交易方式，但是如何理解、如何办理还需要经营者进一步学习。

《民法典》继承了《物权法》抵押制度的相关规定，保持法的稳定性。一些地方一直在探索如何盘活利用农村房产资源，出现了入股或者联营方式经营闲置房屋的情况，但是宅基地房屋如何转让和抵押，2019 年修正的《土地管理法》仍然是空白。

38 我想买的房子没有证

【基本案情】

2009 年 10 月 7 日，张先生和妻子来到市房产管理局，询问没有房产证的房子可否购买。原来，张先生夫妇是做小生意的，辛辛苦苦攒了一点钱，买不起商品房，在市区看上了一套二手房，卖方没有房产证，张先生夫妇感觉房子的位置和价钱合理，很想买下，但又不放心，所以就到房产管理部门咨询。

【法理精析】

由于国家的法律法规越来越健全，对于没有建房手续或者建房手续不齐全的房屋，房产办证越来越难办，这给房屋的转让带来一定的难度和风险。没有房产证的房屋，卖方不能卖个好价钱，买方也不放心。《城市房地产管理法》第 38 条规定，未依法登记领取权属证书的房地产，不得转让。房屋买卖应当凭证交易，房产证是房屋所有权的合法凭证，卖方没有房产证，买方就无法办理房产过户登记领取房产证；如果房产有纠纷，买方很有可能承担不利风险。

但是像张先生夫妇这样的低收入家庭还有很多，他们买不起商品房，对于看好的没有房产证的二手房，工作人员也不忍心一味劝阻。如果真想购买，笔者建议他们一定要验收卖方房屋来源凭证以及身份证件，最好有证人作证，与卖方夫妻双方签订房屋买卖协议，对房子的位置、价款、交房和付款方式以及违约责任应当约定清楚。公民之间的房屋买卖合同如果不违反法律、行政法规有关效力性、强制性规定的，一般不应当认定为无效。正所谓：钱少购买二手房，无证你要多思量；验收房源少不了，签订合同莫上当。

争点热评 >>>>>>>>>>>>>>

　　房地产市场最基本的常识是凭证交易，过去是房屋所有权证和土地使用权证，现在是不动产权证。由于历史原因、土地来源不清或者房地产项目无法正常竣工验收，导致一些土地和房屋没有办理不动产权证，其产权来源不清，无法正常交易，但是无证房地产交易的事实确实存在。而此种情形，房地产管理部门难以监管，为以后的房产纠纷埋下了隐患，有的购买人还可能上当受骗。

十三、2010 年 8 个房地产案例

39 赠与房产应过户

【基本案情】

2010 年 4 月 27 日，市民王女士打电话给市房产管理部门说，她母亲将一处房产送给其女儿（外孙女），听说办理房产过户手续很麻烦，又花钱，可否不办理过户只签订合同？工作人员告诉王女士，为防止日后产生纠纷，最好为其女儿办理房产过户登记领取房产证。

【法理精析】

对于属于自己的房产，产权人有权处置。王女士的母亲将房产送给王女士女儿的行为是赠与行为。《合同法》第 187 条规定："赠与的财产依法需要办理登记等手续的，应当办理有关手续。"赠与房产是财产的无偿转让行为，应当办理房产过户登记。《物权法》第 9 条第 1 款规定："不动产物权的设立、变更、转让和消灭，经依法登记，发生效力；未经登记，不发生效力，但法律另有规定的除外。"若不办理房产过户登记，所有权并不发生转移。也就是说，即使公证赠与房屋，王女士母亲不把房产过户到王女士女儿名下，房屋所有权仍不属于王女士女儿。

此外，王女士的母亲还有其他近亲属，如果王女士女儿没有取得房屋所有权，将来很可能与其他继承人发生冲突，产生不必要的纠纷。按照税收管

理的相关规定，近亲属之间赠与房产，可免收部分税金。这里所谓的近亲属，既包括孙女，也包括外孙女。所以，近亲属之间赠与房产，办理过户登记的费用并不多。正所谓：亲属之间赠房产，办理过户别嫌烦；倘若省钱不过户，将来必定更为难。

争点热评

为加强住房保障，2008 年建设部改为住建部，地方政府也作出相应改革，各省、直辖市建设厅改为住建厅；2010 年许昌市建设委员会改为市住建局，撤销市房管局，其职能划归市住建局。市住建局既是建设行政管理部门，又是房产行政管理部门。

《民法典》第 209 条、第 659 条分别与《物权法》第 9 条、《合同法》第 187 条保持一致，体现法的继承性和稳定性。

40 谨防租房陷阱

【基本案情】

2010 年 5 月 24 日，"陈先生"和黄女士到房产管理部门办理房产过户登记。工作人员发现，卖方"陈先生"的身份证名字、号码、地址、办证时间等信息和原房产档案内的身份证复印件信息内容一致，但是两个身份证上的照片存在差异，便询问其是不是房主，"陈先生"神情淡定，一口咬定是的。随即工作人员拨通了原房产档案内房主留下的手机电话，一场骗局被揭穿了。公安机关后来向房产管理部门反馈，此人真名叫齐某某，身上携带几个假身份证和假驾驶证，是被通缉的在逃诈骗犯罪嫌疑人，已作案数起仍逍遥法外。

2010 年初，齐某某通过房产广告看到陈先生要出租一套住房，便与陈先生取得联系。交流过程中，齐某某发现陈先生与自己的年龄相仿，表示愿意承租该房屋。通过讨价还价，双方最终签订了一年的房屋租赁协议，陈先生收取了房租和 1000 元押金，并将自己的身份证和房产证复印件交付给齐某某。之后，齐某某伪造了陈先生的身份证，并以房产证丢失为名，申请补办了陈先生的房产证，又通过房产广告对外出售该房屋。黄女士发现该房屋楼层、位置、面积适中，价格又便宜，很快与齐某某达成房屋买卖协议。原来，陈先生和黄女士遇见了骗子高手。

【法理精析】

本案中，在逃诈骗犯罪嫌疑人齐某某，几年来逍遥法外，没有被公安机关抓获，反而被房产管理部门工作人员识破，并得到法律的惩罚，这不能不让人深思。事件既有偶然性，也有必然性，在必然性方面，房产管理部门至少发挥了三方面关键作用：一是工作人员高度的责任感，二是健全的房产档案管理制度，三是购房人及时办理房产过户登记。房产过户登记涉及千家万户，房屋登记必须慎之又慎，稍有不慎就有可能造成权利人的重大损失，工作人员的谨慎至关重要。房屋登记簿是房产权属的归属和房屋所有权证的根据，而房屋登记簿的基础是房产档案，没有完善的房产档案，也很难揭穿骗子。而购房人及时申请办理房产过户登记，才能启动房屋登记程序，骗子才有可能被揭穿。所以，上述三者缺一不可。正所谓：骗子高手骗四方，自我感觉强中强；法网恢恢疏不漏，魔高一尺道一丈。

争点热评

二代身份证虽然使用得很早，但是身份证识别器的使用却比较晚，仅凭人眼识别很难甄别真伪，给骗子行骗带来可乘之机。随着科技的快速发展，身份证读卡机、人脸识别摄像技术在房地产交易中普及应用，骗子利用虚假身份行骗的机会越来越少，说明科技在保障房产交易主体权益方面发挥了优势。 但是，个体身份识别科技的广泛应用，也向如何保护个人身份信息和隐私权提出了新的挑战。

41 继承按揭购买房屋应先还贷

【基本案情】

2010 年 8 月 2 日,胡女士急急忙忙来到房产管理部门反映问题:2008 年春节其丈夫林先生在外地出差时不幸意外去世,留下一套以丈夫名义按揭购买的商品房,没办理房产证。胡女士问:"我想把房子给儿子,怎么办?"工作人员告知胡女士,这属于按揭房继承,涉及抵押和继承问题,需要完善相关手续才能给继承人办理房产证。

【法理精析】

按揭购房既解决了购房难问题,又刺激了房地产市场的快速发展,但是购房人的权利也会受到限制。林先生按揭购买商品房,买卖合同有效,但是还没有办理房产证,严格意义上讲还没有取得房屋所有权,还属于债权。债权也是合法财产,也可以依法继承。该按揭商品房虽然是以林先生个人名义购买的,但仍然是夫妻共同财产,胡女士也有一半的财产权,胡女士可以将自己所有的部分赠与儿子,另一半由林先生的第一继承人继承。

林先生的第一继承人是配偶、子女和父母,他们可以共同签订协议,通过公证将该房屋的一半财产由儿子继承。儿子接受赠与和继承该房产的,应当清偿林先生对外的债务和税金。如果儿子需要办理房产证,应当提前代为清偿林先生所欠银行贷款本息,注销抵押登记。由于林先生没有办理房产证,其儿子无法直接办理房产过户登记,只有完善上述手续之后,方可从房地产公司房屋初始登记的名下过户到儿子名下,当然还应当补交相应的税款。正所谓:按揭购房成遗产,继承房产有点难;倘若房产要办证,先把房贷清偿完。

争点热评 »»»»»»»»»»»»»»»»»

　　按揭购买房屋本身涉及的问题很多，如果再牵涉到继承或者诉讼，问题就会更加复杂。 依照房产过户登记程序，林先生应当先办理房产证，然后继承过户到儿子名下。 但是林先生已经去世，其民事行为能力已经灭失，无法申请办理房产证，正常程序无法进行。 所以，只有打破常规，直接从房地产公司房屋初始登记名下过户到继承人名下，才能解决根本问题。《不动产登记暂行条例》将房屋初始登记改为不动产首次登记，称谓不同但意思一样。

42　出卖房屋的套与面积

【基本案情】

2010年8月14日，《人民法院报》报道了一个案例：2002年9月，叶某夫妇因拆迁安置得到一套拆迁安置房，当时与当地建设用地统一征用办公室签订的房屋拆迁安置协议书上载明，该房屋面积为83.88平方米。2005年8月，叶某夫妇与原告王某签订房屋买卖协议，以总价款26.8万元的价格将该套房屋卖给王某。合同签订当日，王某支付了房款26.5万元。双方约定，余款3000元在叶某夫妇协助办理房产证后支付。2008年4月，叶某夫妇取得房产证后发现，上面记载的房屋面积为94.31平方米。当年7月，叶某夫妇取得了房屋的土地使用权证。此后，双方对多出来的10平方米该值多少钱协商无果，叶某夫妇拒绝协助原告办理房产过户手续，从而引发诉讼。购房者王某称卖房者违约，应当支付违约金3000元并协助办理房产过户手续；而叶某夫妇提起反诉，要求购房者支付面积差价4万元。日前，当地法院对此案作出一审判决，判令卖方叶某夫妇在规定的期限内配合购房人王某办理房产过户手续，对王某的其他诉求和叶某夫妇的反诉请求予以驳回。争议双方在法定上诉期内均未提起上诉，该判决已经生效。

【法理精析】

办理房产过户手续就是办理房产过户登记，只是称谓不同。叶某夫妇和王某签订的房屋买卖合同合法有效，叶某夫妇有义务协助王某办理房产过户登记。房屋买卖双方当事人对房款计价发生了冲突，是按套计价还是按房屋面积计价有着不同的理解。《合同法》第125条第1款规定："当事人对合同条款的理解有争议的，应当按照合同所使用的词句、合同的有关条款、合同的目的、交易习惯以及诚实信用原则，确定该条款的真实意思。"

　　叶某夫妇在没有办理房产证之前，就和王某签订了房屋买卖协议，虽然叶某夫妇认为将来的安置房面积为 83.88 平方米，但是这不是房屋的确权面积。叶某夫妇以总价款 26.8 万元的价格将该房屋转让给王某，即便安置协议书上载明具体的房屋面积，但在房屋买卖协议中却没有约定按面积计算房款。在房地产二手房交易中，如果没有明确约定按面积计价，通常的交易习惯是按套计价。当然，在房屋出卖之前，卖方也会按照面积，根据房屋所在位置的市场价，估算该套房屋的价款，但是最终还是以套出售。

　　所以，在二手房买卖中，不管是按套出售，还是按面积出售，买卖双方都应当在买卖协议中明示，否则就会带来不必要的纠纷。正所谓：房屋买卖有两方，或按面积或套房；有了房证面积实，无证面积虚无常。君若出售二手房，房屋价格头一桩；若不明示按面积，按套出售没商量。

争点热评 〉〉〉〉〉〉〉〉〉〉〉〉〉〉〉

　　由于房价居高，即便是以面积计算房款的商品房买卖，房价纠纷也不断。二手房交易，为了减少麻烦，方便起见，通常按套或间出售房屋，房地产拍卖也是如此。本案有一点不同，就是在取得房产证之前出售房产，这时的房屋面积并不是最终的房屋确权面积，房屋面积还有很多的不确定性，买卖双方应当慎重，对房屋面积差额部分如何解决应当有明确约定，否则一方的利益难以得到保障。

　　《民法典》第 142 条与《合同法》第 125 条基本一致，是对后者的吸收和发展。

43 父亲赠房没过户 女儿诉求未支持

【基本案情】

2007年7月，梁某夫妇协议离婚，约定两套住房一人一套，女儿由女方抚养。后因女儿上学需要，梁某就暂住前妻的房屋，而前妻和女儿暂住梁某的房屋。次年5月，梁某出具了一份特殊声明，将来将自己的房屋给女儿，如在有生之年还清按揭贷款，则将该房屋直接过户给女儿，并将房产证交给了前妻。后来，因与前妻及女儿发生纠纷，梁某将房产证要回。女儿不服，向法院提起诉讼，要求父亲协助办理房产过户手续。日前，法院作出判决，驳回了女儿的诉求。

【法理精析】

梁某单方作出声明，将来将其房屋给女儿，是赠与行为。赠与合同是诺成合同，也就是说从梁某作出赠与声明之日起，房屋的赠与合同就已经生效。但是梁某的赠与房屋是有时间条件的，是"将来"还清按揭贷款时。可见该房屋是以梁某名义按揭贷款购买的，虽然办理了房产证，银行的抵押权并未注销。

《合同法》第186条规定："赠与人在赠与财产的权利转移之前可以撤销赠与。具有救灾、扶贫等社会公益、道德义务性质的赠与合同或者经过公证的赠与合同，不适用前款规定。"说明普通的赠与行为，在财产权转移之前，赠与人有任意撤销权。赠与房屋，其所有权转移的标志是办理房屋过户登记。之前，梁某虽然将房产证交给了前妻，但是并没有办理房产过户登记，房屋所有权并没有转移到女儿名下。再说，该房屋的按揭贷款还没有清偿，银行的抵押权也无法注销，更不可能办理房产过户登记。当梁某与前妻及女儿发生纠纷后，梁某要回了房产证，说明梁某反悔，撤销了赠与。正所谓：赠与产权未过户，房屋产权归原主；父女之间起纠纷，撤销赠与拦不住。

争点热评 »»»»»»»»»»»»»»»»

《合同法》第 187 条规定："赠与的财产依法需要办理登记等手续的，应当办理有关手续。"赠与房屋虽然是无偿合同，也应当办理房产过户登记，但是本案赠与的房屋是按揭贷款购买的，无法及时办理房产过户登记，导致后来发生纠纷，赠与合同被撤销。如果提前偿还银行的贷款本息，女儿办理了房产过户登记，梁某就丧失了任意撤销权，没有法定事由，很难要回房屋。

《民法典》第 658 条对《合同法》第 186 条进行修正，增加了"助残等公益"的赠与合同也不得撤销。《民法典》第 659 条将《合同法》第 187 条修改为："赠与的财产依法需要办理登记或者其他手续的，应当办理有关手续。"

44 商品房面积误差谁买单

【基本案情】

2010 年 10 月 12 日，市民李先生给市长信箱写信称，他在某开发商那里购买一处商品房，签订合同时约定的房屋面积是 110 平方米，接收房屋时开发商未提供实际房屋测量面积，现在开发商通知他可以办理房产证，同时告知房屋面积为 117 平方米，需要补交房款。李先生认为这是欺诈，请求政府帮助解决。

【法理精析】

房地产公司与李先生约定的商品房面积是 110 平方米，这只是房地产公司的预算面积，并不是确权面积，后者是经过具有房产测绘资质的房产测量单位实际测量，由房屋登记机构确认记载于登记簿和房产证的面积，两者往往有一定的差别。商品房买卖双方对约定面积和确权面积之间的误差如何计算房款，合同有约定的按约定，没有约定的，依照《商品房销售管理办法》第 20 条的规定办理。其一，面积误差比绝对值在 3% 以内的，属于正常误差，按确权面积计算房款，多退少补。其二，面积误差比绝对值超出 3% 的，购房人有权退房；不退房的，产权面积大于约定面积的，3% 之内的面积购房人按原价支付房款，超出部分无偿归购房人所有；产权面积小于约定面积的，3%之内的面积出卖人按原价返还房款，超出部分按原房价双倍返还购房人。李先生购买 110 平方米的商品房，实际测量面积（确权面积）为 117 平方米，多出 7 平方米，面积误差 6.36%，已经超过正常误差的两倍，如果商品房买卖合同没有明确约定解决办法，应当按照上述规定处理。

购买商品房，签订商品房买卖合同最为关键，特别是房屋面积、价款等主要内容要约定清楚，违约条款的约定也应当周全合理，便于解决纠纷。正所谓：公司出卖商品房，合同周全是良方；违约责任无约定，公司买单没商量。

争点热评 »»»»»»»»»»»»

　　房屋面积误差是商品房买卖最常见的纠纷之一，自 2001 年 6 月 1 日起施行的《商品房销售管理办法》对此进行规范，但是该办法是部门规章，人民法院审理商品房买卖合同纠纷时只能参照，为此 2003 年制定了《最高人民法院关于审理商品房买卖合同纠纷案件适用法律若干问题的解释》，吸纳了前者相关规定，上升为司法解释（相当于法律），人民法院审理此类案件有法可依。

　　为了配合《民法典》的施行，2020 年修正该司法解释时，删除了上述规定。商品房建筑面积的计算，属于技术规范调整的范围，《民法典》并没有涉及，该司法解释属于民事司法解释，所以不宜过多涉及技术规范，体现司法解释的制定更加科学规范，是司法的进步。但是如果出现商品房面积纠纷，并不影响人民法院参照部门规章审理房地产纠纷案件，除此之外并没有其他可参照的标准。另外，由于科学技术的不断发展，房屋建筑面积测量准确率越来越高，误差越来越小，而房地产开发商也越来越聪明，通常约定房屋建筑面积以房屋登记面积为准，房款多退少补，纠纷也越来越少，也是司法解释不予规范的原因。

45 难办的房产证

【基本案情】

近日，不断有业主向市房产管理部门反映，购买的商品房交付之后，房产证迟迟办不下来，找开发商理论，不是推诿应付，就是不理不睬，请求帮助解决。

【法理精析】

通过初步调查，案例中反映的情况具有一定的普遍性，业主来自不同的商品房开发小区，这些房地产公司大多是项目公司，实力小信誉差。

业主办不下来房产证的主要原因是，房地产公司的相关手续不完善，无法申请办理商品房初始登记。具体情况相当复杂，有的是房屋竣工交付，却没有竣工验收；有的是土地使用权证抵押贷款，没有注销登记；有的是房地产公司与承包方产生经济纠纷，承包方不予返还施工审批手续；还有的可能是房地产公司缺乏资金，没钱交纳城市配套费用、房地产税、办证费；等等。房屋没有办理初始登记，业主的过户登记无从谈起。房地产公司不申请或者无法申请办理商品房初始登记，房产管理部门并无职权强制办理。

无法协助或者逾期协助业主办理房产证的，房地产公司明显违约，应当承担民事责任。业主有两个选择：一是要求退房，房地产公司承担违约责任；二是不要求退房，要求房地产公司承担违约责任并继续履行协助办证义务。两者相比，由于房价不断上涨，绝大多数业主会选择第二种方案解决问题，要求房地产公司承担违约责任、履行协助办证义务。但是业主何时能办理房产证，还是个未知数。

因此，业主购买商品房时需要注意两点：其一，尽量购买信誉好、实力强的房地产公司的房产；其二，尽量请教房地产专业人员。此外，对于不讲诚信的房地产公司，业主应当及时提起诉讼，追究其法律责任，限期履行协助办证义务。正所谓：君若购买商品房，商家信誉头一桩；签订合同有风险，专业指导相对强。业主办证商品房，商家应当来帮忙；倘若违约失诚信，只有法官来升堂。

争点热评 >>>>>>>>>>>>>>>>>>>

房地产市场的核心问题，是不动产权的归属问题，有恒产才有恒心，而不动产权证是不动产权属的标志。房产证办证难的原因千差万别，本书分析过不少类似的案例，大多数可以破解，而少数始终难以解决，即便是通过司法途径，也不一定达到目的。因此，不得不说，法律也不是万能的。

46　父子争房办证难

【基本案情】

2008 年，因儿子小任不孝，老任提起行政诉讼，请求人民法院撤销房产管理部门给小任办理的房产证。法院审理查明，争议房屋是老任所建，小任成家后和老任共同居住，2001 年小任提供虚假手续申请办理了房产证，产权登记在小任名下。人民法院依法将房产管理部门为小任办理的房产证撤销，该房处于无证状态。2010 年旧城改造，该房屋将被拆迁，为获得更多补偿，小任和老任再次申请办理房产证，房产管理部门不予办理。

【法理精析】

2000 年前后，公民自建房屋也需要审批，房产管理部门根据相关手续，只要证明产权清晰无争议，便予以登记发证。2001 年小任提供虚假建房手续，申请办理了房产证；后因家庭纠纷，该房产证于 2008 年被人民法院依法撤销。2010 年又因政府拆迁，小任和任老再次申请补办房产证，此时《房屋登记办法》已经施行，房屋登记办证已经纳入正轨，即便是人民法院认定该房是老任所建，但是如果建房审批手续丢失或者不能提供完整的建房审批手续，房产管理部门也不予登记办证。至于小任，更不符合申请办理房产证的条件。正所谓：父子之间争房产，房产无证算哪般；房屋拆迁再申请，时过境迁证难办。

争点热评

最近笔者还看到过 1951 年许昌县县长签发的土地房屋证和 1961 年许昌市市长签发的房屋所有权证原件，只是权属档案难以寻觅。20 世纪 90 年代初期，国家开始推行城市房屋登记发证工作。1995 年《城市房地产管理法》施行之后，房地产登记发证制度逐步推广，公民自建房屋也可以申请办理房产证，办证政策是从宽松到逐渐规范，到后来的越来越严。过去已经办证的房屋，越来越受益；未办证的房屋，产权证越来越难办。2015 年施行的《不动产登记暂行条例》（后于 2019 年修订）第 33 条明确规定："本条例施行前依法颁发的各类不动产权属证书和制作的不动产登记簿继续有效。"

十四、2011 年 10 个房地产案例

47　旧城改造引纠纷

> **【基本案情】**

2010 年 5 月，黄某夫妇向区人民法院提起行政诉讼，请求撤销尚先生位于市区西关一处房屋的房产证。黄某夫妇诉称，1987 年他俩在西关自建房屋数间；1994 年区政府有关部门颁发了房产证；1995 年加盖一层后，该房由其儿子黄某某夫妻二人居住，黄某夫妇搬回附近老宅居住；2010 年 3 月旧城改造拆迁时，黄某夫妇发现该房屋尚先生还有一本房产证。

2010 年 8 月，区人民法院公开开庭审理了本案。被告市房产管理部门认为，黄某夫妇与本案无关，且已经超过诉讼期限，应当依法裁定驳回起诉。第三人尚先生辩称，2002 年初黄某某以 6.8 万元的价格将该处房屋转让给他，双方签订了房屋买卖协议，当时黄某夫妇知道儿子卖房但没有签字。房屋交付后，尚先生对该房屋依法申请了扩建。当年 7 月，市房产管理部门在西关开展房屋登记工作，尚先生申请办理了房产证。时隔 8 年相安无事，政府拆迁赔偿时，黄某夫妇说，突然发现房子被卖，完全是在撒谎。黄某夫妇提供了区政府颁发的房产证，以证明该房属于他们所有。区人民法院审理后，以事实不清，证据不足为由，撤销了市房产管理部门给尚先生办理的房产证。尚先生不服，于 2010 年 9 月向市中级人民法院提起上诉，请求依法撤销区人民法院的判决，驳回黄某夫妇的诉求。同年 11 月，二审法院依法撤销一审判

决，并经过调解，促使尚先生与黄某夫妇达成民事补偿协议。

【法理精析】

本案虽然是行政诉讼，但是根本原因是民事经济利益之争，民事、行政行为相互交叉。2002 年，尚先生和黄某某签订房屋买卖协议，以合理的价格从黄某某处购买了该处房屋，并进行了扩建，在这个过程中黄某夫妇并没有提出任何异议。《民法通则》第 66 条第 1 款规定："本人知道他人以本人名义实施民事行为而不作否认表示的，视为同意。"争议房屋虽然是黄某夫妇所建，但是在黄某某与尚先生签订房屋买卖协议时两人并没有反对，充分表明房屋买卖协议已经生效。当尚先生以房屋所有者的身份，对该房扩建，黄某夫妇也没有站出来反对。

为了统一房屋登记办证行为，原建设部规定每一个直辖市、设区的市只能有一个房屋登记机构办理房屋登记发证工作，所以 1995 年市政府发布公告，要求区房产证持有者限期到市房产管理部门换发新证，逾期不换的区房产证作废。而黄某夫妇并没有按时换发新证，其持有的区房产证已经失去效力。2002 年 7 月，为了规范城市居民住房管理，市房产管理部门在西关集中办理房产证，尚先生及时申请办理了房产证。

2010 年旧城改造，居民住房拆一赔二，受利益驱动，引发了本案的诉讼。二审法院本着"定分止争，减少当事人诉累，构建和谐社会"的理念，促使案结事了。正所谓：民行交叉转让房，法庭内外不一样；8 年之前卖房产，8 年之后告上堂。旧城改造要拆房，房价不停往上涨，利欲熏心想歹心，金钱面前诚信丧。

争点热评

城市开发建设，从旧城改造开始。2010 年起因房屋拆迁补偿，引发大量的民事、行政案件，人民法院对此应接不暇。城市拆迁成为人们关注的焦点、难点，稍有不慎可能引发群访事件。随着法治社会建设的不断推进，保护生态环境理念深入人心，大拆大建的时代已经成为过去，因拆迁补偿诱发的矛盾纠纷也逐步得到缓解。

48 提供虚假材料办证谁买单

【基本案情】

2011年1月17日，《河南法制报》报道了一起弄虚作假办理房产证的案例：新乡市获嘉县的岳某到该县房管局申请将其与父母共同居住的房屋一分为二，一部分归父亲所有，另一部分归其所有，并向该县房管局出具了签有其父亲及有关亲属名字的房产分割证明一份，及相关身份证原件。县房管局审查岳某提供的材料后，为岳某办理了房产证。2008年，岳某之父得知情况后向法院起诉，请求撤销该县房管局为岳某办理的房产证。诉讼中，岳某之父申请对房产分割证明上的签名及指纹进行鉴定，并支付5000元鉴定费。经鉴定，该证明上的签名和指纹均不是岳某之父所留。据此，人民法院撤销了获嘉县房管局为岳某办理的房产证，并判决获嘉县房管局承担鉴定费和诉讼费共计5050元。随后，获嘉县房管局以岳某故意提供虚假材料导致工作人员失误为由提起民事诉讼，依法向岳某追偿。法院经审理认为，获嘉县房管局存在错误登记行为，是由于岳某故意提供虚假材料所致，获嘉县房管局已经尽到了审查义务，没有过错。岳某不服，提起上诉。2011年1月14日，新乡市中级人民法院作出终审判决，判令造假者岳某赔偿获嘉县房管局5050元。

【法理精析】

随着市场经济的快速发展，房价不断攀升，见利忘义之人总是从房子上想办法，置亲情于不顾，骗取房产，本案中的岳某就属于这种情况。

岳某之父得知其房产被分割后，果断提起行政诉讼，请求法院依法撤销获嘉县房管局为岳某办理的房产证，并承担了5000元的鉴定费。经审理，人民法院认为获嘉县房管局有过错，支持了岳某之父的诉讼请求，并判令获嘉县房管局承担鉴定费和诉讼费5050元。说明在诉讼中，岳某之父增加了行政赔偿诉讼请求。

获嘉县房管局行政赔偿后，寻求民事救济，提起民事诉讼，追偿自己的损失。《物权法》第 21 条规定："当事人提供虚假材料申请登记，给他人造成损害的，应当承担赔偿责任。因登记错误，给他人造成损害的，登记机构应当承担赔偿责任。登记机构赔偿后，可以向造成登记错误的人追偿。"法院经审理认为，岳某故意提供虚假材料导致了原告登记错误，原告尽到了审查义务，没有过错，判决被告岳某赔偿获嘉县房管局 5050 元。正所谓：造假办证谁买单，谁有过错谁承担；自古不义多自毙，中华仁义美名传。

争点热评

2007 年施行的《物权法》，其本身属于民法范畴，却规定了不动产登记的行政事项，对于登记错误，如何承担赔偿责任，民事、行政诉讼常常出现交叉现象。就像本案，行政审判认为县房管局有过错，而民事审判认为县房管局无过错。为此，2010 年 11 月出台了《最高人民法院关于审理房屋登记案件若干问题的规定》，该司法解释第 12 条规定："申请人提供虚假材料办理房屋登记，给原告造成损害，房屋登记机构未尽合理审慎职责的，应当根据其过错程度及其在损害发生中所起作用承担相应的赔偿责任。"该条规定公平合理，能够较好地处理此类问题。《民法典》第 222 条与《物权法》第 21 条几乎一致。

49 集资房 兄弟情

【基本案情】

近日，市民李先生给市房产管理部门打电话，称自己是单位职工，遇到了烦心事，不知如何是好。1990 年单位集资建房，李先生集资购买了一套住房，并与家人一直住到 1993 年。后来，李先生将该房让给弟弟一家居住。2010 年，其弟与杨某离婚，在离婚诉讼中，杨某对李先生的房产进行分割，李先生发现后及时提起诉讼。李先生向法庭提交了当初的集资款收据及证人证言，其弟和杨某则提供了证人证言，证明集资款是他们交给李先生代交的，而且证明房屋又加盖一层，是他们所建。

【法理精析】

职工集资购房也是一种房屋转让行为。李先生虽然通过集资购买了该房屋，但是并没有办理房屋登记领取房产证，严格意义上讲，还没有取得该房屋所有权。该集资房，即便是李先生的弟弟出资，由李先生代交集资款，因不是单位职工，其弟也无法申请办理房产证，无法拥有该房屋所有权。

购买单位集资房，通常不签订买卖协议，是以集资款收据为凭证。以李先生名义购买集资房的法律事实存在，李先生与单位的房屋买卖关系合法有效，而其弟与单位并不存在房屋买卖关系。李先生和弟弟可能存在借贷关系或者是代为垫付关系，但是其弟与单位没有直接的法律关系。最好的办法是，等李先生领取房产证之后，三方协商解决。

至于李先生的弟弟和杨某共同加盖的、未经相关部门批准的房屋，因加盖房屋时单位和李先生并未制止，相关部门也没有责令其拆除，如果能够单独使用，其所有权应当归李先生的弟弟和杨某所有；如果不能单独使用，属于添附行为，也应当由三方协商解决。正所谓：集资购买集资房，分割房产人发慌；房屋无证争房产，兄弟情谊何见长。

争点热评 >>>>>>>>>>>>>>>>>>>

　　集资房是以单位名义建设，使用的是单位划拨土地，建成后由职工集资购买的房屋。集资房房价相对于商品房优惠得多，亦算是一种福利性分房。职工依据工龄、职务等条件，按照先后顺序集资购买。现实中，有的职工符合集资条件，却没有资金购买，就要向亲戚朋友借钱集资购买；还有的职工将集资购房资格，有偿转让他人。后来由于房价上涨，由此产生一系列的矛盾纠纷。

　　要想避免房产纠纷伤害亲情，应当做到两个及时：①集资购房人及时申请办理不动产权证，取得房屋所有权；②集资购房人无法申请办理不动产权证的，及时与利害关系人签订书面协议，明确权利义务。

50 如何选购商品房

【基本案情】

近日，有市民向房产管理部门反映：称电视报纸上经常有业主购买商品房上当受骗的报道，原因是房地产开发商五证不全。自己也打算购买一套商品房，应当注意哪些事项？

【法理精析】

房地产开发是一个系统工程，而房地产市场是开发成果和土地的交易行为，涉及民事行为和行政管理，法律关系相对复杂。房地产公司应当具有房地产开发资质，开发建设商品房应当具有以下条件：土地使用权证、建设工程规划许可证、建设用地规划许可证、建设工程施工许可证，并在工程项目建设到一定标准后，取得商品房预售许可证，方可对外销售。所以人们将上述的证件统称为"五证"。对于购房人，五证齐全的商品房，才可以购买，这是新闻媒体经常宣传的购房理念。但是，五证的前四证，房地产公司通常不需要公开，购房人也难看到。而商品房预售许可证应当对外公开，购房人可以看到。同时，房地产公司只要取得商品房预售许可证，说明前四证是齐全的，所以只要购房人看到有商品房预售许可证，就可以购买该商品房。

即便是房地产公司取得了商品房预售许可证，也并不能保证购买的商品房万无一失。因为业主购买的是预售商品房，也就是还没有竣工的商品房，能否正常竣工交付，还受商业风险、金融风险、房地产调控政策等多种因素影响，这些因素购房人难以判断，而实力和信誉是评判房地产公司的客观标准，是购房人应当考虑的主要问题。当然，购房者也应当根据自己的实力量力而行，选择购买适合自己的商品房，不可盲目攀比。正所谓：君要购买商品房，预售许可头一桩；实力商家有信誉，量力而行慎思量。

争点热评 »»»»»»»»»»»»

2008 年之后，特别是 2010 年房地产企业遍地开花、良莠不齐，购房者无所适从。2019 年之后，部分房地产企业逐步被淘汰出局，但是留下不少问题楼盘，成为地方政府的难题。

商品房预售许可证既是房地产市场快速发展的通行证，又是房地产市场健康发展的保证书，是房地产企业和购房人之间的平衡器，房地产管理部门应当依法颁发商品房预售许可证，防止不良商品房项目进入房地产市场，损害购房人的利益。近年来，房地产管理部门总结经验教训，出台规范性文件，加强房地产预售资金监管，确保预售资金用在房地产建设项目上，防止产生新的问题楼盘出现。 房地产预售资金监管虽然取得了一定效果，但是仍无法很好地平衡房地产开发企业、承包商、购房人、银行、房地产管理部门之间的关系，实践经验还不成熟，还无法上升为法律制度。 化解问题楼盘纠纷，防止问题楼盘的产生，仍然是人民政府和房地产管理部门急需破解的一大难题。

51 经济适用住房 5 年内不得转让

【基本案情】

2011 年 7 月 14 日，《人民法院报》报道了一起案例：去年年底，浙江省丽水市 54 岁的低保户老周抽中一小区经济适用住房一套，没钱交房款。经与周女士协商，老周将该房以 19 万元的价格转让给周女士。之后，老周将 18.3 万元交给丽水市安居房建设有限公司。事后，周女士得知经济适用住房不能转让，在要求老周退还 19 万元房款不成的情况下，将老周告上法庭，请求法院判令房屋买卖协议无效，并要求老周退还 19 万元房款。法院经审理认为，老周购买的经济适用住房未满 5 年，且没有办理房产证；依照《经济适用住房管理办法》第 30 条的规定，经济适用住房购买人拥有有限产权，不满 5 年的不得上市交易。原被告签订房屋买卖协议，扰乱了经济适用住房管理秩序，侵害了公共利益，判令支持了周女士的诉求。

【案例分析】

人民法院的判决结果是正确的，但是在法律适用方面值得商榷。老周和周女士签订房屋买卖协议的行为是民事法律行为，只有违反法律、行政法规的强制性规定的才可以被确认为无效。而《经济适用住房管理办法》是部门规章，不可以作为认定房屋买卖协议无效的依据。而应当依据《合同法》第 52 条第 4 项之规定，认为损害社会公共利益的，则应判决房屋买卖协议无效。

购买经济适用住房未满 5 年不得转让，但是各地计算的起点不同，有的以签订购房合同之日起计算，有的以办理房产证之日起计算。《城市房地产管理法》第 38 条规定，未依法登记领取权属证书的房地产，不得转让。也就是说，购买经济适用住房即便满 5 年，没有办理房产证的，也无法转让。

经济适用住房历来备受社会的关注，有人甚至呼吁废除经济适用住房制度，原因是"在运作上很难达到公平合理，容易使政府陷入两难境地"。就本案而言，老周是低保户，不应当申请购买经济适用住房，而应当申请廉租房。然而他却申请到经济适用住房，因没钱购买，把房子卖了，却违了法。根据《经济适用住房管理办法》第 30 条第 3 款的规定，购买经济适用住房满 5 年，购房人上市转让经济适用住房的，应按照届时同地段普通商品住房与经济适用住房差价的一定比例向政府交纳土地收益，政府有优先购买权。然而，据记者初步调查，部分地区没有采取相应的配套措施，土地收益部分如何交付财政还没有运作程序，经济适用住房无法流转。正所谓：申请得到经适房，政府同意能转让；未满 5 年你要卖，协议无效你白忙。

争点热评 >>>>>>>>>>>>>>>>

由于经济适用住房分配不公等原因，受到社会的诟病，国家曾经对此进行专项整治，经济适用住房建设也逐步退出建筑市场。之后地方政府出台相应措施，购房人交纳一定的土地收益金，将经济适用住房房产证转化为完全产权证，使原有的经济适用住房顺利进入房产市场流通渠道，盘活了房产资源。

52 经济适用住房不能抵押贷款

【基本案情】

市民看到《经济适用住房 5 年内不得转让》的案例分析后，不断向市房产管理部门打电话，询问有关经济适用住房的问题。其中市民张先生称，几年前他购买了一套经适房，已经办理了房产证，现在做生意急需用钱，可否将该房产抵押贷款？工作人员告知张先生，不可。

【法理精析】

建设经适房，主要是为城市中低收入群体解决住房难问题，并不是为了让住户获取利益或者融资。张先生的经适房虽然已经买了好几年，而且办理了房产证，但是该房产仍属于有限产权，从申请购买之日起，政府就告知申请人，经适房的流转要受到很多限制。房屋抵押贷款也是房地产的交易行为，即便是办理了房产证的经适房也受到限制，其根本原因是经适房的土地使用权是划拨取得，政府没有收取土地收益金。

根据《经济适用住房管理办法》第 30 条的规定，购买经济适用住房不满 5 年，不得直接上市交易，因特殊原因确需转让，由政府按照原价格并考虑折旧和物价水平等因素进行回购；满 5 年的，经适房可以流转，交纳相应的土地收益金，政府可优先回购，或者将经适房房产证转化为完全产权证后，自由交易。但是该条款并没有具体实施，经适房房产证虽然也是房屋所有权的合法凭证，银行却把经适房排除在贷款抵押担保之外，目前仍然无法办理抵押登记，这正是其有限产权的特别之处。正所谓：经适住房买多年，有房有证权有限；资金周转欲贷款，独守空房心茫然。

争点热评 »»»»»»»»»»»»»

经适房是有限产权，受到很多方面的限制，随着经适房房产证转化为完全产权证（相当于商品房房产证）工作的推广，经适房的抵押贷款已不成问题。不过还有少数经适房，因为多种原因，到目前为止还没有办理房产证，房地产交易仍然受到极大限制。

53 在房产证上加名没有必要

【基本案情】

2011年8月13日，《最高人民法院关于适用〈中华人民共和国婚姻法〉若干问题的解释（三）》［简称《婚姻法解释（三）》］正式施行，引起社会的广泛关注。此后，不断有市民打电话或者手持房产证到市行政服务大厅房产窗口，请求在房产证上加上夫妻另一方的名字。工作人员告知当事人，不能直接在房产证上加名字，需要按照法定程序办理。

【法理精析】

随着社会经济的快速发展，年轻人对婚房的要求越来越高，出现了不与父母同住、无房不结婚的风气。此外，在很多家庭，儿女并没有能力买房，需要父母替儿女买房，这也是推动房价居高不下的因素之一。在房价高涨的同时，离婚率也一路攀升，引发了一系列的社会问题。在此背景下，《婚姻法解释（三）》及时出台，回应社会关切，对夫妻财产、特别是房产作了进一步规范。

夫妻一方，无论是婚前办理的房产证还是婚后办理的房产证，加上夫妻另一方的名字，是对房产的重新分配，形式上是赠与行为，需要按照房产赠与的法定程序办理，要有赠与协议，需要纳税或者减免凭证，并记载于房屋登记簿，不可直接在房产证上加名字，这是物权法定原则。当然，婚后夫妻共同建造、购买房产，或者是一方继承的房产，如果没有特别约定，房产证即便登记在一人名下，房屋所有权仍然属于夫妻共有，不应归一方独有。在夫妻财产所有权的归属方面，《婚姻法》优于《物权法》，也就是特别法优于一般法。很多人存在误解，认为婚后购买的房屋，房产证登记在谁的名下谁就是房屋所有权人，加上自己的名字才保险，其实没有这个必要。正所谓：

婚姻解释已颁行，夫妻房产分得清；倘若婚后得房产，不用加名是真情。

争点热评 »»»»»»»»»»»»»»»

　　不管是房屋所有权证，还是现在的不动产权证，如果登记为单个权利人，其权属证上记载为"单独所有"，给好多人造成误解。《婚姻法解释（三）》施行之后，夫妻一方不断有人提出加上自己的名字，使本来脆弱的夫妻关系更是雪上加霜。

　　《婚姻法》及其司法解释已经废止，自 2021 年 1 月 1 日起施行的《民法典》吸纳完善了《婚姻法》的基本内容，调整夫妻共同财产和个人财产的法律规范基本不变，保持法的传承与稳定。

54　离婚时没有分割的房产

【基本案情】

2002 年 5 月，李女士与王先生结婚；2007 年 8 月，两人协议离婚。离婚协议约定，一套房产和家具归男方所有，存款归女方所有，儿子由双方共同抚育，双方没有其他财产和债权债务。2010 年 7 月，李女士偶然发现王先生还购买了一处房产，是 2006 年 2 月办理的房产证，登记在王先生名下。2010 年 8 月，李女士提起诉讼，请求分割该房产。李女士诉称，该房产虽然登记在王先生名下，但属于婚后购买的共同财产。王先生辩称，该房产是其父亲购买的，不属于夫妻共同财产，与李女士无关。但是王先生拿不出有力证据。一审法院支持了李女士的诉求，判令房产归王先生所有，王先生将该房产估价的 7 成支付给李女士。王先生不服，提起上诉，二审法院维持原判，驳回上诉。

【法理精析】

《婚姻法》第 47 条规定："离婚时，一方隐藏、转移、变卖、毁损夫妻共同财产，或伪造债务企图侵占另一方财产的，分割夫妻共同财产时，对隐藏、转移、变卖、毁损夫妻共同财产或伪造债务的一方，可以少分或不分。离婚后，另一方发现有上述行为的，可以向人民法院提起诉讼，请求再次分割夫妻共同财产。"本案中，王先生在夫妻关系存续期间瞒着李女士另外购买一处房产，并登记在自己名下。除非有证据证明，确实是其父亲出钱购买，并同意登记在王先生一人名下，否则，该房产应当认定为夫妻共同财产。

《婚姻法》第 18 条第 3 项规定，遗嘱或赠与合同中确定只归夫或妻一方的财产，属于夫妻一方的个人财产。自 2011 年 8 月 13 日起施行的《婚姻法解释（三）》第 7 条第 1 款规定，婚后由一方父母出资为子女购买的不动产，产权登记在出资人子女名下的，可按照《婚姻法》第 18 条第 3 项的规定，视为只对自己子女一方的赠与，该不动产应认定为夫妻一方的个人财产。由此可见，《婚姻法解释（三）》进一步明确子女一方受赠房产的取得以登记为要件，与《物权法》相一致。但是，这有两个前提，第一个是有证据证明由一方父母出资，第二个是产权登记在一方名下，两者缺一不可。从这个方面看，《婚姻法解释（三）》与《婚姻法》第 18 条相一致。

受时效所限，本案并未适用《婚姻法解释（三）》，该解释正式施行后案件则适用该司法解释，判决也应当是相似的。正所谓：父母赠与儿房产，登记名下方有权；倘若出资有争议，没有证据难保全。

争点热评 »»»»»»»»

《婚姻法》第 18 条对夫妻一方个人财产进行了规范，但是在实践中对遗赠和赠与的房产如何认定个人财产的问题，产生了不同的分歧，对此《婚姻法解释（三）》进行了规范，为审理婚姻财产纠纷案件提供了具体依据。婚姻关系具有其复杂性，《民法典》生效后，《婚姻法》及其司法解释废止，《最高人民法院关于适用〈中华人民共和国民法典〉婚姻家庭编的解释（一）》自 2021 年 1 月 1 日起施行，司法解释有序相传，继续发挥司法效能。

55　一方无权擅自处分夫妻共同房产

【基本案情】

日前，市民尚女士来到市房产管理部门反映，称家中有一处房产，登记在丈夫名下，丈夫欲将该房产出售，尚女士不同意。丈夫对她说："房子属于我个人所有，我可以自由处分，你无权干涉。"尚女士不知如何是好。工作人员告诉尚女士，该房产如果是婚后购买，尚女士有权阻止丈夫出售该房产，同时还可以向房产管理部门申请异议登记。

【法理精析】

《物权法》第39条规定："所有权人对自己的不动产或者动产，依法享有占有、使用、收益和处分的权利。"如果该房产是夫妻一方婚前购买，属于夫妻一方的个人财产，所有权人可以自由处分。

婚姻关系存续期间，财产可分为，夫妻个人财产和夫妻共有财产。婚前取得的房产属于个人财产，婚后取得的房产有约定的按约定，没有约定的属于夫妻共同财产。登记在尚女士丈夫名下的房产，如果没有特别约定，应当属于夫妻共同财产，出售时应当征得尚女士同意，否则房屋买卖协议无效。如果是家中唯一住房，即便是丈夫的个人财产，尚女士对该房享有居住权，丈夫转让该房产，意味着侵犯了尚女士的居住权。居住权是公民的基本权利，尚女士完全可以对抗丈夫对该房产的自由处分权。当然，该房产如果是个人财产，为了改善住房环境，或者该房产并不是家中的唯一住房，尚女士无权阻止丈夫转让该房产。

阻止房产交易的方式有三种：①告知买卖双方停止交易，使买方丧失善意取得的可能；②向人民法院申请诉前保全，查封该房产；③如果发现买卖双方申请办理房产过户登记，还可以申请房屋异议登记。值得注意的是，不管是申请诉前财产保全还是申请房屋异议登记，暂时保护期限均为 15 日。人民法院采取财产保全措施后 15 日内，或者房屋异议登记之日起 15 日内，申请人没有提起民事诉讼的，房产查封解除，或者房屋异议登记失效。正所谓：夫妻共同有房产，一方处分他无权；倘若买方有恶意，取得房产也很难。夫妻一方有房产，处分房产他有权；如若夫妻同居住，居者有屋是抗辩。

争点热评 »»»»»»»»»»»»»

　　2011 年前后，婚姻家庭曾经受到极大的冲击，夫妻感情出现信任危机，离婚率上升，家庭房产纠纷不断。本案中不经意间提出的居住权，想不到与《民法典》偶合，实属幸事。《民法典》第 220 条的更正登记、异议登记与《物权法》第 19 条内容一致。2011 年施行的是 2007 年修改的《民事诉讼法》第 93 条诉前财产保全条款，其间多次修改调整为第 101 条，2021 年修改再次调整为第 104 条，规定申请人在人民法院采取诉前保全措施后 30 日内（15 日内改为 30 日内）不依法提起诉讼或者申请仲裁的，人民法院应当解除保全。

56 购房易主为哪般

【基本案情】

近日，《人民法院报》刊登了一则房产案例：江苏省无锡市民姚先生相当烦闷，因为自己住了 15 年的房子突然被告知是别人的。原来，1995 年冯某分到单位一处住房，由于自己有住处，就让同事姚先生夫妇居住。1996 年，冯某参加房改，以 9500 元的价格购买了该处房产，并办理了房产证。1997 年，冯某迁至上海工作，走之前与姚先生签订了房屋转让协议，约定以 35 500 元的价格将该房转让给姚先生，2000 年 10 月 20 日之前办理房产过户手续。之后，姚先生多次催促冯某办理房产过户手续，冯某都没有回应。2011 年 3 月，上海的严某赶到无锡要求姚先生腾房，原来冯某又将该房高价转让给了严某。无奈，姚先生一纸诉状将冯某告上无锡市南山区人民法院，要求冯某协助办理房产过户手续。经过审理，南山区人民法院支持了姚先生的诉求。

【法理精析】

南山区人民法院经审理认为，1995 年姚先生就在争议房屋内居住，1997 年冯某以合理价格将房屋转让给姚先生并与姚先生签订了转让协议，足以表明冯某与姚先生签订的房屋转让协议合法有效。但是该法院并未有对房改房转让的法律效力作进一步阐述，这也是当前城市房屋转让的焦点和难点之一。

我国的住房制度经历了从福利分房到货币化购房的发展过程，职工的房改房就是福利分房的一种形式。20 世纪 90 年代初期，职工房改房不准上市交易，有的省份规定房改房办证 5 年后才可以转让，并且单位有优先购买权，阻止了房地产市场的发展。但是，政府规定单位有优先购买权，不具有法律效力。到 20 世纪 90 年代后期，国家出台一系列政策，鼓励房改房上市交易，并规定土地收益部分按比例上交有关部门，极大地推动了二手房交易市场的发展。

笔者认为，房改房虽然是职工福利分房，但是这种福利是根据职工的工龄、职务等要素折算得来的，是等价补偿，职工有权自由转让，更何况进入2000 年之后，大多数国有企业不是倒闭就是改制，优先购买权的主体已不存在。根据物权法定原则，职工领得房改房的房产证，就是取得了房屋所有权，转让房产时，除承租人、共有人有优先购买权外，其他人不享有优先购买权。所以，从房改房的发展历史和法理上讲，姚先生和冯某的房屋转让协议合法有效，冯先生应当继续履行协助办理房产过户登记义务。正所谓：购房易主为哪般，原主违约他在先；如若转让房改房，单位没有优先权。

争点热评

房改房政策已经成为历史，但是房改房仍然存在。近年来，国家推行老旧小区改造惠民工程，其中大部分改造项目是过去的房改房小区，通过改造升级，焕发生机，改善了居住环境，节约了自然资源，提升了房屋的价值，留下了青春的记忆。

十五、2012 年 14 个房地产案例

57　身份证对房屋登记的影响

▶ **【基本案情】**

春节刚过，市民张先生给市房产管理部门写了一封信。据张先生介绍，他之前办理房产证时使用的是老身份证，现在房子要拆迁，而新身份证和老身份证号码不一样。张先生想知道，这种情况会不会对他有什么不利影响？他该怎么办？工作人员给他回信说，张先生应根据实际情况，依法申请办理房屋更正登记，以免引起不必要的麻烦。

⚖ **【法理精析】**

身份证是公民身份的合法凭证。名字相同、身份证号码不同，从法律上讲就不是同一个自然人。如果是第一代身份证更换为第二代身份证，身份证号码由 15 位转换为 18 位，在身份证号码没有错的情况下，即使办理房产证时使用的是第一代身份证，更换使用第二代身份证对房屋登记也没有任何影响。但如果是其他原因导致的两个身份证号码不同，则属于身份证登记错误，对房屋登记就有影响。

房产证是房屋所有权的合法凭证。名字相同、身份证号码不同，就无法证明是同一个房屋所有权人。办理房产证，房屋登记机构需要审验身份证原件，收取复印件。目前，房屋登记已经进入信息化时代，身份证上的号码以

及其他信息必须输入电脑，不同的身份证显示不同的房屋权利人。在房屋拆迁、房屋注销登记，以及房屋转让、抵押等交易过程中，若身份证信息错误，就无法办理相关手续。所以，遇到这种情况，当事人应当提前申请办理房屋更正登记。如果是第二代身份证号码错误，当事人应当向身份证登记机关申请办理身份证更正登记，而没必要申请办理房屋更正登记。如果是第一代身份证号码错误，当事人应当提供身份证登记机关出具的身份证明材料，申请办理房屋更正登记；否则房屋登记机构不予办理。正所谓：大年过罢第一桩，同一身份号两样；君若来日无烦恼，更正登记切莫忘。

争点热评

本案反映的是一个权利人新旧身份证号码对房屋登记的影响。但是在房地产市场中，还出现了套用身份证的现象：有的房地产公司为了融资，借用职工身份证虚假按揭购房套现，还有的购房人借用亲戚朋友身份证购买商品房，由此影响到权利人的购房资格、贷款信誉、房产纳税、公职人员房产信息申报，更有甚者被银行列入被告承担民事责任。随着人们法律意识的不断提高，此种现象逐渐减少，但是网上诈骗，以及泄露、违法交易身份信息的行为仍然屡禁不止。

58 如何才能办理房产证

【基本案情】

2012年3月，报社记者向市房产管理部门反映：2009年，任女士家以其父亲名义签订合同，购买了南苑新城一套住房，随后父亲不幸去世。2012年2月26日，任女士拿着购房合同和相关证件到房产管理部门办理房产证，但因父亲已经去世，房产管理部门要求任女士到公证处公证。任女士到公证处后，被告知购房合同不是房产证，无法进行公证。随后，任女士要求房产管理部门将房产证办在父亲名下，工作人员称其父亲已经去世，无法进行登记。任女士又找到房地产开发商，想更换合同上的姓名，但对方称无法更换，否则将会被罚款。记者感叹，前后奔走一个月，任女士到房产管理部门、公证处、房地产开发商等处申请办理房产证，至今无果。任女士该怎么办？

【法理精析】

任女士家购买的商品房位于县辖区内，属于县房产管理部门管辖范围，由其负责房屋登记工作。

从本案提供的信息得出，房地产开发商已经为任女士的父亲提供了商品房买卖合同、不动产专用发票、初始登记房产证等相关手续，且无法更换，否则就不会出现如此后果。权利人去世后民事行为能力丧失，即便有继承人代为申请，房屋登记机构也不予办理房产证，所以建议当事人先办理房产继承公证，再以公证书为依据办理房产证。而公证处办理房产继承公证又以房产证为前提，致使任女士的房产办证又回到了原点。

最好的办法是，任女士父亲的所有第一继承人一起到房屋登记机构签订房产继承协议，确定由谁继承房产、由谁申请办理房产证，并补交税金。当然这还要看所有第一继承人是否能达成一致，房屋登记机构是否愿意承担额外责任，组织当事人当面签订房产继承协议。

如果通过协商仍无法办理，无奈之下，任女士就只有提起诉讼，要求房地产开发商协助办理房屋登记手续。但是，房产继承涉及当事人众多，如果处理不当，诉讼效果有时并不理想。正所谓：父亲名义购房产，不幸去世事难办；房产部门敢担当，为民解忧人称赞。

争点热评

因房产继承问题复杂，房产管理部门难以把握，所以涉及继承办理房产证的，房产管理部门通常会建议当事人先办理房产继承公证，再办理房屋登记。2015 年，南京市房屋登记行政诉讼案件的判决改变了继承房产办证必须公证的做法，一方面方便了办证群众，另一方面也加重了不动产登记机构的责任。 我们将在以后的案例中专门分析。

59 车位之乱象

【基本案情】

一家房地产开发商给市房产管理部门写信，请求解决小区地下停车场所有权的归属问题。通过调查，有的业主认为地下停车场归业主共有，房地产开发商则认为地下停车场应当归其所有。房地产开发商想知道，地下停车场所有权到底归谁。工作人员回信告知，小区地下停车场竣工后，应当归房地产开发商所有。

【法理精析】

近年来，商品房小区内出现了"三多一少"现象，即"高层建筑越来越多，居住人口越来越多，有车族越来越多，停车位越来越少"，导致业主争夺车位也越来越激烈。小区内地上道路和车位等公共场所，其使用权归全体业主共有，应当按照方便生活的原则，供业主通行、停放车辆。如果没有业主的授权，房地产开发商或者物业公司不得出卖或出租地上车位。车库一般规划建设在商品房住房一层，停车场大部分建在小高层或者高层商品房的地下。商品房竣工后，车库和地下停车场应当归房地产开发商所有。也就是说，房地产开发商可以将车库、地下停车场分割出售给业主。所不同的是，购买车库的业主可以申请办理房产证；而购买地下停车场车位的业主，只是购买了一个车位，不属于一个房屋登记单元，通常无法办理产权证。当然有些地方的房地产管理部门认为，以车位四周边界封闭线区域为一个产权登记单元，房地产开发商可以申请办理产权证，业主依法缴纳契税后，再申请办理车位产权转移登记，取得车位所有权。

需要说明的是，根据《人民防空法》和建设工程规划的要求，有的小区地下建有人防工程。人防工程属于城市公共设施，不予办理房屋登记。但是，人防工程是房地产开发商出资所建，为了达到物尽其用，人防工程战时被国家征用，发挥防空作用；平时可以民用，房地产开发商可以有偿出租给业主，作为车位使用，但是不得出售给业主。正所谓：购买车库可办证，买得车位办不成；倘若规划是人防，商家收益卖不行。

争点热评 »»»»»»»»»»»»»»»

　　不管是在商品房小区内，还是在城市市区，停车难已经成为普遍问题，在相当长的一段时间内难以克服。好在城市发展模式正在发生变化，不搞大拆大建，高层住宅开发建设也会越来减少，非商业区和住宅集聚区停车难问题将会有所缓解。

60　婚前按揭购房　婚后如何办证

【基本案情】

2012 年 3 月 23 日，鄢陵县房产管理部门工作人员向市房产管理部门工作人员打电话咨询：有一对夫妻，婚前以一方名义按揭购买商品房，另一方认为是双方共同出资购买。两人结婚后，申请办理房产证，请求办成共有产权，县房产管理部门不知如何办理。

【法理精析】

这个问题比较复杂，涉及《物权法》《婚姻法》《合同法》等多部法律。根据《物权法》第 16 条的规定："不动产登记簿是物权归属和内容的根据。"也就是说，房屋登记是谁，房产证就应当办在谁名下，谁就是该房屋的所有权人。按揭购买商品房就是抵押贷款购房，按揭抵押登记在谁名下，谁就是该房屋的预购人。婚前以一方名义按揭购买的商品房，预购人只有一个，房产管理部门在办理房屋登记时，应当根据权利人主体一致原则，将房产证办在预购人名下，不应当增加他人的名字。至于双方婚后出现纠纷，诉诸法律的，人民法院应当依据《婚姻法》的相关规定处理。

房屋登记行为是依申请的行政行为，房产管理部门不是司法机关，无法对财产关系、婚姻关系进行司法审查。受办证时效的限制，除个别需要现场实地勘验以外，房产办证大多数属于形式审查，以申请材料为依据办理房产证，将申请材料以外的第三人排除在权利人之外。对于非婚姻关系合伙按揭购买商品房的，也是同样的道理，只能将房产证办理在预购人名下，一旦出现纠纷，提起诉讼，人民法院会依据《合同法》的相关规定处理。

需要说明的是，按揭购买商品房，除了受房地产调控政策的限制外，还受银行按揭贷款技术上的制约，即按揭购买商品房，银行只与一个预购人签订抵押借款合同，预购人、借款人和抵押人应为同一个自然人，房产证也只能办给一个权利人。如果银行能够允许两个购房人同时申请按揭贷款，预购人、借款人和抵押人自然是两个自然人，房产证也应当办给两个权利人。正所谓：按揭购买商品房，他人名字要加上；申请材料唯一人，房屋登记法不让。

争点热评

　　不管是婚前还是婚后按揭购买商品房，银行仍然只允许一个自然人按揭贷款，但是申请办理夫妻共有所有权证的人数却在不断增加，市房产管理部门顺应民意，在当事人提供结婚证、当面出具具结保证书的情况下，为其办理夫妻共有所有权证，从而化解了夫妻矛盾，收到了良好的社会效果。充分说明，法的生命在于实践，法既有严肃性，又具有灵活性。

　　《物权法》《婚姻法》《合同法》已被《民法典》取代。不动产登记制度也是《民法典》的基本制度，站在《民法典》的高度，突破《不动产登记暂行条例》及其实施细则，为本案的当事人办理房屋共有权证，法理上并无不当。为此给我们带来了更进一步的思考：如何使法规规章更好地适应法律，部门立法如何更加科学合理，依法行政如何更顺畅并使公民办事更便捷？ 相信在法治政府建设过程中，这些问题都会得到解决。

61 商品房未初始登记 业主可否直接办证

【基本案情】

某小区业主联名向市房产管理部门反映，业主购买商品房并已经居住数年，各种税费交纳齐全，但至今无法办理房产证。由于房地产公司建房手续不全，无法办理初始登记，业主可否直接申请办理房产证？

【法理精析】

根据《城市房地产管理法》第38条的规定，未依法登记领取权属证书的房地产，不得转让。该条款是管理性强制性规定，而非效力性强制性规定，也就是说，出卖方没有权属证书，虽然不能依此确认房地产买卖合同无效，但是却无法办理房地产权属转移登记。业主办理商品房过户登记领取房产证，也是一种房产所有权转移登记，应当以房地产公司办理初始登记为前提。所以说，商品房没有办理初始登记，业主就无法正常办理房产证。《城市房地产开发经营管理条例》第32条规定："房地产开发企业应当协助商品房购买人办理土地使用权变更和房屋所有权登记手续，并提供必要的证明文件。"可见，协助业主办理房产证，是房地产公司的法定义务。但是对房地产公司出现此类违法行为，行政法规并没有规定相应的处罚措施。

如果业主无法正常办理房产证，那么房产管理部门可否直接为业主办理房产证？依法行政是行政行为的基本原则，房产管理部门排除房地产公司，直接为业主办理房产证，并没有任何法律依据。

该小区业主反映的问题具有一定的普遍性。近年来，由于房地产开发利润巨大，众多投资者纷纷进军房地产市场。可以说，目前的房地产市场藏龙卧虎鱼龙混杂，利润和风险并存。就许昌市房地产市场来看，绝大部分房地产开发商诚实守信、运作良好，不仅能为业主提供品质良好的商品房，而且还能协助业主办理房产证，提供一流的物业服务。然而，也有极少数房地产开发商为短期效益进行投机行为，"打一枪换一个地方"，"捞一把就走"，扰乱了房地产市场，给业主造成了极大损失。对这种房地产开发商，业主无论是向政府反映，还是提起诉讼，都很难达到预期效果。所以，我们再次提醒广大市民，购买商品房尽量选择有实力、守诚信的房地产开发商。同时，也告诫房地产开发商，量力而行、诚实守信、科学运作才是生财之道。正所谓：房产办证为啥难，商家无信人不善；君要购买商品房，实力诚信第一关。

争点热评

本案反映的是 2012 年房地产市场相继出现的房屋交付、房产办证、工程质量、物业管理等问题，业主维权艰难。就房产办证问题，有的业主通过司法途径走上了维权之路，人民法院判令房地产公司限期协助业主办理房产证，房产管理部门依据协助执行通知书等法律文书为业主办理房产证。但是 2012 年 6 月 15 日公布的《最高人民法院关于转发住房和城乡建设部〈关于无证房产依据协助执行文书办理产权登记有关问题的函〉的通知》规定，如遇到此类问题（没有办理初始登记），房产管理部门也无法为业主协助执行办理房产证。

2018 年至 2020 年《城市房地产开发经营管理条例》经过多次修改，前述法条内容从第 33 条调整为第 32 条，内容保持不变。

62 二手房交易的权利和义务

▶【基本案情】

市民郝先生向市房产管理部门反映，3年前他和王先生签订了房屋买卖协议，以10万的价格购买了王先生的一套住房，房款两清，王先生将房产证交付郝先生，并没有办理房产过户登记。现在郝先生想办理房产证，王先生不予配合，并说房子卖得便宜得加钱。郝先生请求政府帮助解决。工作人员告知郝先生，房产管理部门无权强制王先生配合过户，建议通过司法途径解决房产办证问题。

【法理精析】

由于房价不断上涨，没有及时办理房产过户登记的买方急于办理房产证，而卖方趁机提出加价要求，这是当前二手房交易市场的普遍现象。

根据《城市房地产转让管理规定》第7条第2项的规定，房地产转让当事人在房地产转让合同签订后90日内，应当申请办理房地产权属过户手续。也就是说，二手房买卖的当事人签订房屋买卖协议后，应当在90日内申请办理房产过户登记，这既是卖方的义务，也是买方的权利。权利应当及时行使，义务方可与之配合。如果房屋买卖协议对房产过户期限没有特别约定，王先生和郝先生均有不当之处，而且前者的责任大于后者。

从诚信上讲，只要当时交易公平，且不违反强制性法律规定，不论房价是涨还是跌，也不论经过多长时间没有办理房产过户登记，均不存在房屋买卖协议被确认为无效或被撤销的情形，双方都应当遵守诺言，在这方面王先生有失诚信。当然，因无法办理房产过户登记，买方请求解除房屋买卖合同的也有，但是现实中很少发生。郝先生应当和王先生进一步沟通，如果能够协商解决，那是最好的结局；如果协商不成，郝先生应当尽快诉诸法律，通过司法途径解决房产过户登记问题。

人们逐利的思想往往能够压过内心的法律意识，更何况我们正处于一个诚信逐步完善的时代。所以，在此还要奉劝二手房购买人，不要为了省钱、省事，不及时办理房产过户登记；否则，就像本案郝先生一样，会给自己带来不必要的麻烦。更为极端的情况是，一旦买卖双方有一方过世，或者房产被查封，房产过户将会面临更加复杂难办的局面。正所谓：君若购买二手房，及时过户切莫忘；倘若卖家失信义，协商无果告庭堂。

争点热评

本案只是从房产过户登记方面分析房屋买卖双方的权利义务，除此之外，还有产权来源、抵押、查封、出租、交付，甚至如实告知、公序良俗等方面的权利义务。

《城市房地产转让管理规定》第 7 条与修改后的《城市房地产开发经营管理条例》第 32 条有相似规定，买卖双方对房产过户登记期限没有特别约定的，二手房买卖和商品房买卖一样，在房屋买卖合同签订后或者房屋交付（预售商品房）后，应当在 90 日内申请办理房产过户登记。二手房过户登记在一定程度上讲，要比商品房过户登记更为重要，因为不办理二手房过户登记引起的纠纷比商品房多得多。

63 赠与房屋的情与法

【基本案情】

市民崔先生向市房产管理部门反映，母亲去年去世，父亲再婚，在年轻继母的要求下，父亲将他们居住的房屋赠与继母，并到公证处办理了公证。崔先生咨询，可否以父亲受胁迫为由，请求确认公证无效。工作人员告知崔先生此理由不妥，但可以要求公证机构撤销公证。

【法理精析】

从崔先生反映的情况看，该房屋很有可能是其父亲再婚前的房产。母亲去世父亲健在，法定继承人没有对该房产进行分割，也符合人之常情。虽然其父亲拥有该房屋的一半财产权，但是另一半属崔先生母亲的遗产，未经法定第一顺位继承人一致同意，父亲不得擅自处分该房产。

父亲再婚后，将房产赠与崔先生继母，并办理了公证。这就存在两个问题：其一，其父亲和继母侵害了崔先生等第一顺位继承人的继承权；其二，在赠与合同明显违法的情况下，公证机构办理了公证，存在过错。崔先生可以依据《中华人民共和国公证法》第39条的规定，要求公证机构依法撤销公证；造成损失的，还可以根据该法第43条的规定提起民事诉讼，请求公证机构承担赔偿责任。

虽然在继母的要求下，父亲赠与了房产，但其父亲受到胁迫的理由并不充分，即使受到胁迫，也不能据此确认赠与合同无效，而应当以侵害继承权为由确认赠与合同的效力。但是，最好的办法还是崔先生和父亲、继母等人协商解决该房产问题，司法途径既耗时费力，又伤害亲情。

当然，如果该房屋是崔先生父亲的个人财产，或者是再婚后夫妻共同财产，其父亲同意将该房产全部归崔先生继母所有，虽然在情理上有些不妥，但是在法理上崔先生无权干预。正所谓：儿女尽孝日渐少，孤独老人情未了；有朝一日遇新人，赠与房产儿慌脚。

争点热评 »»»»»»»»»»»»»»»»

　　本案反映的是一种社会现象，孤独老人得不到儿女照顾，就要再婚或者保姆陪伴，事后引发房屋财产纠纷，很难妥善处理，应当引起人们的关注。

　　《中华人民共和国公证法》虽然属于行政法范畴，但是公证机构属于法定的社会团体法人，出现违法公证问题时，只能提起民事诉讼，而不能提起行政诉讼，这一点与其他行政法有着本质的区别。

64 无证的二手房交易

【基本案情】

2012年6月15日，刘先生夫妇向市房产管理部门反映所遇到的问题：2011年12月31日，他们通过房产中介购买了张先生的一套120平方米住房和10平方米储藏室，当日一次付清房款28万元。刘先生与房产中介签订中介合同，由房产中介将房款转交给张先生，房款付清6个月内房产中介办理房产过户手续，并约定过户费和佣金共计3.16万元，违约金20%。但是至今没能办成房产过户手续。经进一步核实发现，该房是王甲于2001年购买的集资房，并没有办理房产证，2002年以7.6万元的价格转让给王乙，2009年王乙以22万元的价格转让给张先生，2011年张先生又以28万元的价格转让给刘先生夫妇，其间均没有办理房产过户登记。

【法理精析】

集资房是单位为符合条件的职工，以成本价共同集资建设的职工住房，也是一种福利分房。该房是王甲于2001年购买的集资房，因没有办理房产证，无论如何交易，最后的购买人是无法办理房产证的，而且办证更难，使房屋的产权一直处于悬空状态。从法律上讲，刘先生夫妇还不是该房屋的物权人，而只是债权人。只有王甲办理了房产证，刘先生夫妇才有可能办理房产过户登记领取房产证，但是几个交易人的过户将是一笔不菲的成本。

房产中介为二手房买卖提供交易平台和机会，并收取佣金。该房产中介未经认真审查或者缺乏法律知识，与刘先生签订房产中介合同，其内容不但含有中介服务，还包含代办房产过户登记。现在刘先生的房产证无法办理，房产中介逾期违约，应当承担违约责任，返还房产过户费用和佣金。正所谓：连环购买房产案，没有权证过户难；房产中介莫贪心，不按法律要赔钱。

争点热评 ≫≫≫≫≫≫≫≫≫≫

2000 年之后，政府不再审批单位集资建房项目，之前建设的集资房项目后期相继竣工交付，而办理房产证就会相对滞后，有些无证业主将房屋出售，加上购房人缺乏相关知识，极易引发房产过户纠纷。2007 年《经济适用住房管理办法》修改之后，集资房参照该办法可以上市交易，激活了二手房交易市场。2019 年国家出台新的房地产调控政策，允许部分有条件的单位申请建设集资房，但是从政策的制定到具体实施，还有一个过程。此项措施毕竟不是房地产市场的宏观调控政策，如何落实还要根据各地的具体情况而定。

65 婚前房产之争

【基本案情】

2008 年大学毕业后，小李和女朋友小徐在一起共同打拼。经过数年努力，两人攒下 8 万元，加上双方父母赞助的 25 万元，他们一次性付款购买了一套新房。因为所有手续都是小李一个人办理，最后房产登记在小李一人名下。双方办理结婚登记后，2012 年临近婚礼时，小李移情别恋，小徐坚决要求分手，并表示她应当得到 2/3 的共有房产，来弥补小李给她造成的精神伤害。但是小李并不认可，他认为双方共同出资购房并不假，谁有房产证房子是谁的，可以把小徐和她家人的出资退还给小徐，不能将感情和房产混为一谈。于是，两人闹上了法庭。

【法理精析】

婚前小李和小徐及双方父母共同出资购买这套新房，房产登记在小李名下，因故分手，引起房产纠纷。两人是否结婚，不以举办婚礼为依据，而是以办理婚姻登记为标准。不错，房产证是房屋所有权人的合法凭证，但是有证据证明足以推翻的除外。本案中，虽然房产登记在小李一人名下，但是有事实证明且小李也自认是双方共同购买，所以该房产应当是小李和小徐共有。婚前双方合伙共同购买，并有证据证明双方共同出资的份额，应当按照出资比例分割房产；如果因证据丢失等其他原因，无法证明双方共同出资的份额，应当参照婚后所有权共同共有，每人分割一半房产。同时，由于是小李的过错导致的离婚析产，给小徐带来了伤害，小李还应当给予小徐相应的补偿。

假设小李和小徐没有办理结婚登记，属于合伙购买房屋。房屋登记在小李名下，分割析产时，应当按照出资比例分割，房屋所有权归小李，小李应当向小徐支付出资款，以及因房价上涨所产生相应的收益。因双方没有结婚，小徐的精神损害赔偿请求很难得到支持。

需要注意的是，房产分割不能按原价计算，而应当按分割时的市场价计算房屋的价值，将房产增值部分计算在内，这样才算公平合理。正所谓：婚前购房是非多，证据丢失凭琢磨；劝君珍爱两情时，夫妻恩爱人楷模。

争点热评

房价居高，恋人合伙购房的不在少数，也是大多数结婚新人的无奈之举。但是合伙购房也会引发一系列的问题，大多数恋人不会对出资进行结算，出资证据也不注意保存，一旦出现纠纷，一方失信，善良的人就会受到伤害。

66 从门面房抵押融资看房地产开发

【基本案情】

通过产权置换，某房地产公司拥有门面房数十间，2011 年上半年分别转让给张先生等多人，只有张先生办理了房产过户登记领取了房产证，而王先生等购房人由于不想交纳高昂的税金，并没有办理房产过户登记领取房产证。接收房屋后，购房人对外出租。2011 年下半年，该房地产公司资金紧张，以该处数十间门面房作抵押，办理了抵押登记，向外地银行贷款 500 万元，贷款期限半年。公司本以为可以瞒天过海，到期偿还贷款本息，注销抵押登记。然而，到 2012 年上半年，该房地产公司仍无力还贷，外地银行申请法院拍卖该处数十间门面房以实现抵押权。王先生等购房人得知情况后，纷纷向本地法院提起民事诉讼，申请财产保全，法院先后查封了该处数十间门面房。而张先生购买的门面房安然无恙。

【法理精析】

由于金融危机不断蔓延，部分房地产公司融资困难，资金链紧张。房地产公司以房地产抵押贷款方式融资，本属于担保融资的正常做法。但问题是，房地产公司以已经转让的房产作抵押，隐瞒真相，此种做法显然损害了购房人的利益。

王先生等购房人和房地产公司签订房屋买卖协议之日起 90 日内，应当及时申请办理房产过户登记领取房产证，真正取得房屋所有权；而事实上，王先生等购房人没有依法办理房产证，给房地产公司抵押贷款提供了可乘之机。在这方面，张先生就做得很好，避免了被抵押的厄运。

需要说明的是，王先生等人购买的并不是房地产公司开发的商业用房，而是置换房屋，签订的是房屋买卖协议，而非商品房买卖合同，协议无法备案，房产证仍然在房地产公司名下，房产管理部门没有王先生等购房人的门面房买卖信息，无权阻止抵押登记。

本案的实际情况是，外地银行申请执行的法院与王先生等购房人申请财产保全的法院并非同一个法院，增加了问题的复杂性，外地银行的抵押权和王先生等购房人的房屋所有权均难以实现，势必引起一系列旷日持久的司法诉讼和执行纠纷。正所谓：门面房产戏连连，官司连台看不完；卖房抵押加查封，不依法律只为钱。

争点热评

2008 年美国华尔街金融危机，持续影响着我国的房地产市场，稳健的货币政策使得信誉不良的房地产公司融资更加困难，这种状态一直保持到 2015 年。本案中的房地产公司因为经营不善，缺乏诚信，最终从一个当地房地产公司龙头企业走向了破产清算，教训极其深刻。

2012 年之前《民事诉讼法》就已经设立了执行异议之诉，但是并没有具体的操作规范，利害关系人通常是另行提起民事诉讼，查封不动产，加上管辖法院不同，使得执行和诉讼交织在一起，执行难更加凸显。2015 年施行，后于 2020 年、2022 年修正的《最高人民法院关于适用〈中华人民共和国民事诉讼法〉的解释》对执行异议之诉进一步规范，明确执行异议之诉适用普通程序审理。但是，执行异议之诉又随之成为民事审判的难点，程序复杂而漫长，有矫枉过正之嫌疑。

67　房地产开发与民间借贷

▶【基本案情】

　　2010 年 10 月 10 日，某房地产开发商张老板向王先生借款 300 万元人民币，按月息 2% 支付利息，期限 1 年，到期如果没有意外可再延长 1 年，用于房地产融资。由于受房地产调控政策以及经济形势的影响，商品房销售不佳，从 2012 年 5 月起张老板就没有再支付利息，本金也无法偿还。于是双方协商，将部分商品房暂时作价给王先生。王先生不知是否可行。

⚖【法理精析】

　　没有抵押的民间借贷，正是房地产开发的风险所在。房地产开发是高回报高风险的行业，现金流量大，影响因素多。国家虽然鼓励民间借贷，促进经济流通，但是大额的民间借贷也应当具有相应的担保。

　　张老板无法偿还王先生的本息，不通过司法途径，双方协商解决是一种好办法。但是，约定将部分商品房暂时作价给王先生，存在很大风险：其一，房地产公司不是个人独资公司，张老板是以个人名义借贷，却以公司名义作价房产，合同主体不妥；其二，该部分商品房是否已经销售，如果已经销售，那就是一房两卖，王先生的权利很难得到保障；其三，该部分商品房是否有抵押，如果有抵押，抵押权优于债权，王先生的权利更无法得到保障；其四，该部分商品房是否有查封，被查封的房产不得转让。王先生应当查清上述事实，如果该部分商品房无销售、无抵押、无查封，才可以和房地产开发商签订商品房作价抵偿合同。同时，还应当签订商品房买卖合同，在房产管理部门备案，作为一种担保。即便如此，也不能完全保证王先生债权的实现。如果无法满足上述条件，王先生只有诉诸法律，走向漫长的讨债之路。正所谓：房产开发风险大，民间借贷要抵押；倘若借款无担保，他不还钱你抓瞎。

争点热评 »»»»»»»»»»»»

　　本案在后来的案例中得到多次验证，即便是民间借贷时签订商品房买卖合同作为变相担保，还是事后作价抵偿签订商品房买卖合同，因利益之争，引发商品房买卖合同效力的一系列纷争，有的官司一直打到最高人民法院，双方为此付出巨大代价。至于无法补签商品房买卖合同，商品房买卖合同没有备案或者他人的商品房买卖合同备案在先，而出借人的商品房买卖合同无法再次备案，出借人的权利更是空中楼阁，只能望楼兴叹。

　　大部分房地产公司老板和公司不分家，自然人法人人格严重混同，管理无序、账目混乱，也是产生大量纠纷的原因，有的房地产公司甚至为此破产倒闭，老板倾家荡产。

68 预购房屋应慎重

【基本案情】

2012 年 8 月 30 日，市民张女士来到市房产管理部门询问预购商品房的情况。她听说某建设单位准备在市区开发房地产，已经拿到土地，预购者预交 10 万元后，房价可以优惠，每平方米售价不会超过 3000 元。张女士有些动心，觉得划算，准备预购一套房屋，但是又不放心，所以到房产管理部门咨询。

【法理精析】

张女士反映的问题不是个案，带有一定的普遍性。房地产市场经过两年的调控，仍没有回到合理的价位，与老百姓的期望值相差甚远。也正是如此，部分房地产开发商抓住购房人贪图便宜的心理，实施未建先售的违法行为。有的根本不是房地产开发商，不具有房地产开发资质，浑水摸鱼，低价预售房屋非法集资，变相开发房地产，给房地产市场带来了巨大风险。

根据《城市房地产管理法》第 45、68 条的规定，预售商品房应当取得商品房预售许可证明，否则房产管理部门将依法给予行政处罚，并责令停止预售活动，没收违法所得，可以并处罚款。情节严重的予以降低或者吊销房地产开发资质。但是，有些房地产公司以预订等多种方式，暗中集资变相预售商品房，且双方自愿，具有一定的隐蔽性，逃避了房产管理部门监管。对此，广大消费者应当学会自我鉴别、自我保护。

首先，核实房地产开发资质。没有房地产开发资质的企业无权开发房地产；以预售商品房名义出售房屋的，属欺诈行为，严重的还可能涉嫌诈骗，稍有不慎，购房者就会房财两空。

其次，审核商品房预售许可证。取得商品房预售许可证的房地产公司，说明其依法取得了建设用地使用权证，建设资金到位，并且建设工程量达到了法定标准，预售商品房风险可控。否则，不是房地产开发商资金紧张，就是房地产开发建设手续不完善，预售商品房违法，风险巨大。正所谓：房产开发未动工，低价预售把人坑；算计他人挣大钱，劝君切莫把钱扔。

争点热评 »»»»»»»»»»»»»»»

　　房地产市场除了有欺骗购房人的不良商家以外，还有盲目扩张的恶意竞争现象，甚至丧失理智地跑马圈地。可是到 2019 年之后，最终落得个，一时繁华东逝水，梦到醒时万事空。

69 恶意转让房产引纠纷

【基本案情】

任女士提起行政诉讼，请求区人民法院撤销房产管理部门为翟某某颁发的房产证。2012 年 10 月 18 日，区人民法院依法公开审理了此案，笔者和张俊以工作人员身份代理市住建局出庭应诉。在法庭上，市住建局代理人没有反驳任女士的主张。

经法庭调查，1993 年任女士与翟某举行结婚仪式，没有办理结婚登记，生有一女。1998 年翟某通过单位房改分得一套住房，2001 年翟某办理了房产证，由任女士保存。后来，两人关系不和，2008 年翟某以房产证丢失为由，重新申请补办了一本房产证。2009 年翟某以出卖方式将该房产转让给胞妹翟某某，同年 9 月翟某某申请办理了房产过户登记，取得了房产证。2011 年 4 月，任女士得知实情，以恶意串通为由提起民事诉讼，二审人民法院支持了任女士的诉求，判决翟某和翟某某房屋买卖协议无效。

【法理精析】

根据《最高人民法院关于适用〈中华人民共和国婚姻法〉若干问题的解释（一）》第 5 条的规定，1994 年 2 月 1 日以前，男女双方以夫妻名义共同生活，符合结婚实质要件但没有办理结婚登记的，按事实婚姻处理。1993 年任女士与翟某举行结婚仪式共同生活，符合结婚条件，但没有办理结婚登记，应当属于事实婚姻。婚后以翟某名义取得的房产，尽管登记在翟某名下，也应当属于夫妻共同财产。

民事诉讼方面，翟某某以受让方式取得了该房屋的房产证，符合《物权法》第 106 条规定的善意取得的形式要件，但是人民法院认定翟某与翟某某签订的房屋买卖协议属于恶意串通，损害了任女士的合法权益，判决该房屋买卖协议无效。

行政诉讼方面，由于民事判决翟某与翟某某签订的房屋买卖协议无效，翟某某便失去了善意取得的基础，翟某某以虚构事实、隐瞒真相取得房产证，自然被人民法院依法撤销。因行政诉讼第三人翟某某自身的过错，导致其房产证被撤销，被告市住建局无过错，不承担任何责任。

翟某某的房产证被撤销后，该房产的权属回归到翟某名下，最终的做法应当是，任女士和翟某通过《婚姻法》的相关规定，解决两人的婚姻和财产关系纠纷。正所谓：夫妻二人情义断，瞒天过海转房产；枉费心机空算计，逃脱法网却很难。

争点热评 >>>>>>>>>>>>>>>>

本案涉及两类诉讼，即民事诉讼和行政诉讼。《最高人民法院关于审理房屋登记案件若干问题的规定》是房屋登记行政诉讼案件的司法解释，其中第 8 条规定，以买卖、共有、赠与等为基础，认为其民事法律关系无效或者应当撤销，请求撤销房产证或者确认房屋登记违法的，应当告知当事人先提起民事诉讼。对于此类行政诉讼，规定了先民事后行政诉讼的原则。撤销不动产权证的行政诉讼案件，被告是不动产登记管理部门，而不是不动产登记机构，后者是前者的经办机构，这一点需要大家注意。

《民法典》及其司法解释对《婚姻法》和《物权法》及其司法解释进行了传承和完善，《民法典》第 311 条与《物权法》第 106 条的善意取得条款完全一致；而由于事实婚姻已经成为历史，前者并没有吸纳《最高人民法院关于适用〈中华人民共和国婚姻法〉若干问题的解释（一）》关于事实婚姻方面的规定。

70 是房产赠与 还是房产继承

【基本案情】

张老太夫妇有一双儿女，均已成家。丈夫去世后，张老太将自己名下的一处房产送给女儿，趁着自己还不糊涂，就写了一份遗嘱，写明将自己名下的房产给女儿，存款及其他财物留给儿子。于是女儿就带着张老太的自书遗嘱以及房产证和身份证，到房产管理部门申请办理房产过户手续。房产管理部门不予受理，因为张老太还健在，无法办理遗嘱继承房产过户手续。

【法理精析】

本案涉及房产继承和房产赠与两个问题。如果该房产是张老太的个人财产，张老太完全可以支配，既可以赠与女儿，又可以立遗嘱由女儿继承。如果是赠与女儿，张老太和女儿可以直接到房产管理部门申请办理赠与房产过户登记。如果是遗嘱继承房产，应当等到张老太百年之后，由女儿单方申请办理遗嘱继承房产过户登记。张老太还在世，不可以办理遗嘱继承房产过户登记。

房产证虽然在张老太名下，但如无特殊情况，该房产应当属于夫妻共有财产。丈夫去世后，该房产一半属于其丈夫的遗产，另一半属于张老太的个人财产。丈夫的遗产应当由张老太和儿女三人继承，如果张老太和儿子放弃继承权，可以由女儿一人继承。在此基础上，张老太可以将自己的一半房产赠与女儿或者由女儿继承，女儿可以取得该房屋所有权。否则，张老太无权对该房产行使全部的处分权，张老太的自书遗嘱部分无效。

解决问题的最好办法是张老太和儿女三人共同到公证机构，公证由女儿一人继承父亲的一半房产，张老太将自己的一半房产赠与女儿，然后张老太和女儿共同申请办理房产赠与过户登记。如果想按照继承办理，减免税金，只有等到张老太百年之后再说了。正所谓：赠与房产有继承，先把继承权分清；要想办证减免税，老人百年方可行。

争点热评

因子女上学出国等原因，直系亲属之间赠与房产的越来越多，而以赠与形式办理房产过户登记，应当以房屋市场价为标准，征收契税，比直系亲属之间自报房产价格过户登记的税金要高得多。近年来河南省税务部门出台相关政策，允许近亲属之间可以自报房产价格，以房屋买卖名义申报纳税。而房产管理部门履行形式审查义务，只需提供近亲属关系证明，便可办理房产过户登记。此种情形，一般的住宅过户登记税费不超过 100 元，所以绝大多数赠与房屋的近亲属均以变相买卖的名义办理房产过户登记，不能不说是一种见怪不怪的现象。

十六、2013 年 9 个房地产案例

71　二手房交易是非多

▶【基本案情】

2007 年，王先生退休返乡，将城里的一套住房卖给了张先生，拿到房款后，王先生将房子和房产证交给了张先生。2012 年，张先生又将该房子转让给了齐先生，齐先生要求张先生协助办理房产过户手续，但是房产证上的名字是王先生的，张先生无法协助办理房产过户手续。

于是张先生就找到乡下的王先生，请求帮助齐先生办理房产过户手续。王先生对张先生说："你把房子高价卖了，应当分给我一点，我才能帮助你。"张先生不同意，王先生自然不会帮忙。无奈，拿不到房产证的齐先生又将该房子退给了张先生。张先生又找到王先生，请求他协助自己办理房产过户手续，王先生又说："现在房子涨价了，你给我补点钱，我一定协助你过户。"张先生一气之下，一纸诉状将王先生告上法庭。

⚖【法理精析】

这个问题之前多次分析，但仍然不断有新的问题出现。张先生购买的是二手房，如果不及时办理房产过户手续，很容易出现纠纷。房产过户手续，也叫房产过户登记，其实就是房屋所有权转移登记，只有如此，购房人才能拿到房产证。

张先生购买了王先生的房产，没有及时办理房产过户登记，虽然他享有占有、使用、收益的权益，但是处分的权利受到限制，如果王先生不配合张先生办理房产过户登记，张先生无法转让该房产。王先生与齐先生没有房屋买卖关系，没有义务协助齐先生办理房产过户登记。当张先生第一次让王先生帮助办理房产过户登记时，王先生提出的要求有一定的道理。如果三方能达成交易，王先生将该房屋直接过户给齐先生，也是一个不错的解决办法。

但是后来的交易并没有成功，齐先生退房，行使了正当权利，与张先生解除房屋买卖协议。当张先生第二次让王先生协助自己办理房产过户登记时，王先生提出的要求就没有道理了。只要在房屋交易时买卖公平，无论以后房价是涨还是跌，均不存在显失公平的问题，卖方更不能以房价上涨为由，要求买方增加房款。所以张先生可以提起民事诉讼，请求人民法院判令王先生限期协助办理房产过户登记。当然，张先生也免不了陷入打官司的窘地，这就是不及时办理房产过户登记所要承担的法律后果。正所谓：有人购买二手房，纳税过户他不想；有朝一日转房产，再来过户忙断肠。

争点热评 ›››››››››››››››››››››

之前讲过，近年来二手房价也在跌宕中持续上涨，购房人压力增大，金融部门推出二手房交易按揭贷款举措，按揭贷款购买二手房需要先办理房产过户登记，后才能抵押贷款，使得二手房交易过户登记率逐步提高，避免了房产交易纠纷。按揭购买二手房虽好，但是交易成本增加，现金交易购买二手房的购房者还需要及时办理房产过户登记。

72　谁动了我的房产

【基本案情】

大年初七上班第一天，某房地产公司经理到市房产管理部门反映，称张先生在该公司按揭购买了一套商品房，2012 年 6 月张先生与妻子王女士离婚，经法院调解，该商品房归王女士所有，而公司并不知情。2013 年 1 月，该公司协助张先生办理了房产证。王女士得知情况后，携带调解书等手续，也要求该公司协助办理房产证，并承担相应责任。

【法理精析】

按揭购买商品房是促进房地产发展的重要手段，也是解决住房难的一剂良方。同时也给市场经济和家庭婚姻关系带来了一系列复杂的法律问题，处理不好会产生相应的负面影响。

商品房按揭抵押登记在谁名下，谁就是购房人。人民法院通过调解的方式，将张先生名义按揭购买的商品房归女方王女士所有，符合法律规定，民事调解书具有法律效力。王女士应当依据民事调解书等相关手续，清偿银行贷款本息，注销抵押权登记，补交税款，及时要求房地产公司协助办理房产过户登记，领取房产证。但是王女士怠于行使自己的权利，而张先生隐瞒事实真相，申请办理了房产证。对此，房地产公司并不知情，按正常程序协助张先生办理房产过户登记，主观上无过错，不应承担法律责任。

现在王女士可以要求张先生协助办理房产过户登记，如果张先生不予协助，还可以依据民事调解书申请人民法院强制执行。但需要注意的是，对于按揭贷款的本息如何偿还，税金何人缴纳，如果民事调解书遗漏了相应的调解内容，还会产生新的纠纷。正所谓：按揭购买商品房，解决住房是良方；夫妻一旦各自飞，房产办证切莫忘。

争点热评 >>>>>>>>>>>>>>>>

现实生活中经常出现夫妻离婚导致的按揭购买的商品房的分割问题，有的还涉及债权人申请执行按揭房产，引发执行异议之诉。

根据《物权法》第 191 条的规定，抵押期间转让抵押财产的，应当经抵押权人同意，并提前清偿债务或者提存；抵押权人不同意的，不得转让，但是受让人代为清偿债务消灭抵押权的除外。所以，按揭购买商品房申请办理房产证，应当提前清偿债务，注销抵押权登记，否则即使办理了房产登记，抵押权仍然存在。但是对于离婚析产等房屋新的受让人，如果不办理抵押权注销登记，房产管理部门会拒绝办理房产过户登记。《民法典》第 406 条第 1 款规定："抵押期间，抵押人可以转让抵押财产。当事人另有约定的，按照其约定。抵押财产转让的，抵押权不受影响。"该条款是对《物权法》第 191 条的重大调整，但是《不动产登记暂行条例》还没有作出相应修改，不动产登记程序并没有发生变化。

73 我该怎么办

【基本案情】

2011 年 6 月，张先生购买了王先生一套单元房，房款两清后，没有办理过户登记。国家马上施行新国五条细则，对房产增值部分要征收 20% 的个人所得税，而王先生已经出国学习，时间来不及，张先生感叹："我该怎么办！"

【法理精析】

所谓的新国五条细则，国务院办公厅至今没有公布原文。此新闻一经央视新闻联播播出，各类媒体大肆炒作，加上"专家"预测，为了避免缴纳房产增值部分 20% 的个人所得税，全国各地二手房交易火爆。许昌市也不例外，据不完全统计，市区二手房交易过户量翻了三番，房产管理部门的咨询电话不断。

从法律上讲，税收涉及公民的切身利益，税收调整应当按照法律程序进行，未经法律或者行政法规的授权，不得随意调整。更何况各地情况千差万别，二手房购买人的需求不同，一刀切不但不能抑制房价的上涨，还会增加改善性购房者的负担。

根据《城市房地产转让管理规定》第 7 条的规定，买卖双方签订房地产转让合同之日起 90 日内，当事人向房地产管理部门提出申请办理权属证书。该规定并非强制性规定，而是指导性规定。办证自愿是房屋登记的基本原则，如果权利人不提出申请，房地产管理部门无权干预。不办理房产过户登记，并不影响房屋买卖合同的效力。当然，如果能办理房产过户登记，还是应当及时办理，依法取得房屋所有权证，防止不必要的纠纷。张先生应当与王先生沟通，让其授权国内的代理人，协助张先生办理房产过户登记。只是王先生的授权委托书要由所在学习国的公证机构公证，并经过我国驻该国使领馆认证才有效，或者按照两国条约的规定办理，而公证费用多少不得而知。实在不行，只有等到王先生回国之后，再办理房产过户登记，至于张先生能否避开 20% 的税金，还要看具体情况。正所谓：双方交易二手房，政策突变不及防；卖方出国难过户，买方税高谁买账。

争点热评 >>>>>>>>>>>>>>>>>>

为了回应社会呼声，遏制房价不断上涨，2011 年起国务院办公厅不断发出通知平抑房价，媒体简称国五条、国八条、国十条，还有新国五条等，主要从限购、提高税率和按揭贷款首付款等方面抑制房价。 但是实际效果并不理想，房价非但没有被抑制，购房人的负担却增加不少。直到 2019 年中央出台调控政策，并提出"坚持房子是用来住的、不是用来炒的定位"之后，房价上涨的势头才基本得到遏制。

74 为买房假离婚值不值

【基本案情】

市民陈先生预购了一套商品房，想用公积金贷款购买。可是公积金贷款必须是首次购房，要有房产管理部门出具的无住房证明，而且包括夫妻、未成年子女在内均不得拥有住房。陈先生名下无房产，儿子已经结婚，关键是陈先生妻子名下有一套住房。陈先生很着急，有人给陈先生出点子，可以和妻子办一个假离婚，拿着离婚证就可以到房产管理部门开无住房证明。陈先生到民政部门一看，离婚的人还真不少，心里直打鼓。

【法理精析】

由于房价不断攀升，政府为了稳定房价，不断出台新的房地产调控政策。其对按揭购买商品房明确规定：以家庭为单元，购买首套住房的，降低首付款比例和贷款利息；提高购买二套住房的首付款比例和贷款利息；严禁按揭贷款购买第三套住房。因为公积金按揭贷款购房利息更低，要求也更严，禁止利用公积金按揭购买第二套住房。另外，政府在房产契税等方面，对于首次购买小户型住房的家庭，也给予相应的减免。

近年来，我国的离婚率不断上升，其中最主要的因素有两个：一是感情，二是金钱。事实上，金钱的因素远超于感情的因素。20世纪，我国实行福利分房政策，部分职工为了分到福利房而结婚。而今，个别人为了逃避国家的房地产调控政策，降低购买商品房成本而离婚。要知道，离婚经过民政部门依法登记后，就具有法律效力，未经法定程序不得撤销，不存在所谓的假离婚。为了省钱购买心仪的商品房而离婚，势必存在很大的风险。有的可能会假戏真做，追悔莫及。还有可能，将来国家出台新的调控政策，对这种逃避法律监管的行为实施制裁。

我们正处于一个大变革的时代，人们的逐利意识从来没有像今天这么强烈，这也是市场经济社会的一大特色。另外，立法技术相对落后，法律的步伐好像永远跟不上时代的步伐，法律的力量有时显得那样弱小，而新的政策往往又得不到预期的效果。房地产调控政策的多变，有时搞得政府各职能部门的工作人员一头雾水，老百姓也不知所措。正所谓：为了省钱购房产，假办离婚来套现；有朝一日假亦真，追悔莫及为时晚。

争点热评 》》》》》》》》》》》

在我国，国家的房地产调控政策是一种特殊的法律渊源，有时起到不可替代的作用，但是政策具有多变性，从 2008 年到 2018 年，房地产市场一直受房地产调控政策的影响，《土地管理法》经过 2019 年修正之后，房地产调控政策相对稳定。党的十八大提出"科学立法、严格执法、公正司法、全民守法"新 16 字方针，立法技术不断提高，逐步朝着实现社会治理体系和治理能力现代化、法治化的目标迈进。

75 夫妻房产办证引风波

【基本案情】

市房产管理部门接到张先生的申请，请求停止办理他和申女士的房屋登记。原来，张先生在市区有一套住房，办理了房产证。2013 年初，张先生和申女士结婚，申女士提出要求，要在张先生的房产证上加上自己的名字。双方多次协商，张先生同意办理。经过公证机构公证，双方向房产管理部门申请办理房屋共有权证。在办理过程中，张先生反悔，急忙请求房产管理部门停止办理。

【法理精析】

很显然，本案涉及的房屋应当属于张先生的婚前财产。张先生和申女士结婚后，同意在其房产证上加上配偶的名字，其本质是房产赠与行为，是将该房屋的部分产权赠与申女士。夫妻双方共同提出办理房屋共有权证的申请，属于房屋转移登记申请。在房产管理部门审核阶段，还没有办理房屋共有权证之前，张先生又提出停止办理的请求，实质上属于房屋异议登记申请。

《物权法》第 19 条规定，利害关系人提出异议申请后，不动产登记机构予以异议登记的，申请人在异议登记之日起 15 日内不起诉，异议登记失效。《城市房地产管理法》第 38 条规定，权属有争议的房地产，不得转让。所以，房产管理部门受理房屋异议登记申请的，不予实质审查，当天办理房屋异议登记，暂停办理房屋转移登记，并书面告知申请人自异议登记之日起 15 日内向人民法院起诉。15 日内房产管理部门收到利害关系人提交的法院立案通知书后，停止办理房屋转移登记；没有收到利害关系人提交的法院立案通知书的，继续办理房屋转移登记。

本案看似简单，但是案情复杂，涉及公证、婚前财产、婚姻关系、房屋异议登记，还有可能涉及民事和行政诉讼，处理不好，直接影响财产分割和婚姻关系。正所谓：男女结婚为哪般，情感金钱各自算；世上姻缘千万种，金钱总能胜情感。

争点热评 》》》》》》》》》》》》

《民法典》第 220 条吸纳了《物权法》第 19 条的规定，设立了不动产更正登记和异议登记制度，基本程序是先申请更正登记，不予更正登记的，再申请异议登记。但是实践中很少出现这种情形，经常出现的情况是像本案这样，在权利人申请办理不动产登记过程中，利害关系人要求停止办理而提出异议登记。而利害关系人认为不动产登记有错误，要求更正登记，而不动产登记机构认为无误不予办理的，利害关系人会直接提起行政诉讼或者民事诉讼，没有必要再申请异议登记而耽误时间。此类案例之前已有类似分析，不再赘述。

76 震荡的房地产市场

【基本案情】

2013 年 10 月份以来，不断有业主到市房产管理部门反映房产办证难问题，而前不久市区某房地产公司因经营不善濒临破产，使得这一问题更加凸显。业主集体上访，引起房产管理部门的高度重视。

【法理精析】

本案例虽然反映的是房产办证难问题，但是却折射出许昌市房地产市场的震荡将会产生的不良连锁反应。

现在问题的关键是，房地产公司濒临破产，人去楼空，业主房产办证成为难题，虽经多方努力，但是积重难返，解决起来耗时费力，为业主和政府带来极大麻烦。造成办证难的根本原因有三个：其一，房地产公司欺诈经营，以低价为诱饵诱导购房者，存在一房二卖，或者一房一卖又抵押现象；其二，违规进行资本运作，利用高息吸纳民间资本，导致资不抵债；其三，购房者贪图便宜，免不了吃亏上当。

经过市房产管理部门认真排查，核实出真正的权利人，将房地产公司假借他人之名按揭抵押贷款的人排除在权利人之外，为部分业主办理了房产证。而无法核实的权利人只有通过司法途径解决办证难问题。

房地产开发是高收入、高风险的行业，只有科学运作、诚信经营，善于运用法律和政策，顺势而为才能成功。一夜暴富的时代已经结束，单纯的运气心理、豪赌心态，是无法维持房地产企业良性发展的。在购买商品房时，购房者一定要擦亮眼睛，不仅要看楼盘的坐落位置、户型、容积率等要素，更重要的是要看房地产公司的诚信度、知名度。根据自己的需要和实力量力而行，克服"买涨不买跌"的盲从心理，更不要购买"面粉高于面包价格"

的房产。这些情况在之前的房地产案例中不止一次地告诫过大家。正所谓：人去楼空办证难，丧失诚信是根源；君若购买商品房，切记便宜不能占。

争点热评 >>>>>>>>>>>>>>>>>>>>>

2015 年，本案的房地产公司最终破产倒闭。受国际、国内经济形势影响，在国家实行稳健的货币政策、银行收缩房地产市场放贷规模的作用下，加上房地产开发企业的不良运作，民间高息借贷纠纷案件不断冲击，2015 年前后一部分房地产开发企业开始被淘汰出局，这应当是我国 2008 年以来房地产市场的第一次震荡。2019 年之后，房地产市场再次洗牌，又有一部分房地产开发企业被淘汰出局，其中不乏国内知名企业，这是我国房地产市场的第二次震荡。优胜劣汰是事物发展的必然规律，当然，宏观调控政策有时也起着决定性的作用。

77 房产的善意取得

【基本案情】

2008 年，黄某以杨女士丈夫的名义，通过房产中介将位于某小区内的一套 50 平方米的住房按照市场价转让给张先生夫妇，当时张先生夫妇和黄某"夫妇"携带房产证、结婚证、身份证等有效证件，到房产管理部门共同申请办理了房产过户登记，张先生夫妇取得了房产证，居住该房至今。2013 年，该房屋所在小区面临拆迁，涉及房屋回迁补偿，杨女士向房产管理部门反映，2008 年黄某转让房屋时不是本人签字，要求撤销张先生夫妇的房产证。原来，2006 年杨女士与黄某已经通过法院调解离婚，调解书没有涉及房产分割问题。之后杨女士到外地工作，婚姻关系存续期间以杨女士名义购买的房屋一直由黄某占有使用，房产证、身份证也由黄某持有。两年后，黄某找一女子帮忙，自称夫妻将该房屋转让给了张先生夫妇。

【法理精析】

夫妻双方通过民政部门调解离婚的，原结婚证依法收回，结婚登记注销，发放离婚证；通过诉讼离婚的，人民法院出具判决书或民事调解书，结婚证自动失效。而民政部门的婚姻登记、房产管理部门的房屋登记、人民法院离婚案件三者并没有建立网络信息共享机制。黄某与假冒的妻子携带原结婚证以及其他有效证件，与买方共同申请办理了房产过户登记。房产管理部门虽然没有发现假冒女子，但是尽到了形式审查义务，并没有过错。

在房屋交易过程中，张先生夫妇并不知道黄某与另一女子是假冒夫妻，且房产证、结婚证、身份证是真实的，并按市场价支付了房款，办理了房产过户登记，取得了房产证，居住至今，是无过错的善意行为。同时，也没有证据证明房产中介存在恶意串通或胁迫欺诈的行为。所以，张先生夫妇完全符合《物权法》第 106 条的规定，是该房产的善意取得者，其房屋所有权应当受到法律的保护。该房产即便是杨女士的个人财产，也改变不了张先生夫妇善意取得该房产的法律事实。

该房产在转让之前，因并没有离婚析产，仍属于黄某和杨女士的共同财产。黄某利用法院调解离婚没有收回结婚证这一漏洞，隐瞒离婚的事实真相，与他人假冒夫妻将该房产转让，侵害了杨女士的房屋共有权，是侵权行为，应当赔偿该房产一半以上的损失。而杨女士离婚后，不申请离婚析产，仍将房产证、身份证等有效证件交由前夫保存，几年来对该房产不管不问，实在让人费解。正所谓：善意取得二手房，房产权利有保障；共有财产受侵害，侵权一方应赔偿。

争点热评

与公民利益密切相关的登记是户籍登记、婚姻登记和不动产登记，这三种登记均属于行政行为。本案杨女士在 2008 年之前可以不携带身份证外出工作，但是现在没有身份证外出可以说是寸步难行。现实中，利用并不健全的婚姻登记信息网络，与多人结婚骗财骗色，实施违法犯罪行为的案例时有发生。而不动产登记信息网络建设也需要有一个逐步完善的过程，有的地市的不动产登记机构已经与当地人民法院建立了不动产登记信息网络共享机制，为司法审判执行提供了便利。同时，公民个人信息也应当受到尊重和保护，应当依法运用公民个人财产信息，禁止非法利用和泄露。

《民法典》第 311 条保留了《物权法》第 106 条的善意取得制度，使不动产和动产的善意取得规定继续发挥作用。

78 房产的非善意取得

【基本案情】

2012 年 8 月，王某将自己的一套按揭商品房转让给程先生，程先生支付房款后，王某既不交房，也不协助办理房产过户登记。无奈，程先生一纸诉状将王某告上法庭。后经过法院调解结案，王某同意交付房屋并协助办理房产过户登记。2013 年 1 月，王某将房屋交付给程先生，但仍以按揭购买商品房，房产证暂时无法取出为由，拒绝协助办理房产过户登记。2013 年 8 月，王某将按揭贷款结清后，又将该房出售给了陆先生，并协助办理了房产过户登记。现在陆先生以房屋所有人身份要求程先生腾房，程先生才知道大事不妙，遂向人民法院提起行政诉讼，请求撤销房产管理部门给陆先生颁发的房产证。

【法理精析】

按揭购买商品房，购房人可以办理房屋登记，但是房产证暂时由房屋登记机构保存，待按揭贷款结清，注销抵押权登记后，才可领取房产证；有的市、县可以将房产证颁发给购房人，但是房产证加盖抵押登记印章，结清抵押贷款本息后，还需要办理抵押注销登记，房产方可再行转让。购房人凭房产证，可以转让该房产，并协助二手房购买人办理房产过户登记。

从表面上看，陆先生取得了房产证，拥有该房屋的所有权，符合《物权法》第 106 条规定的善意取得。但是通过进一步分析，我们发现另有玄机。其一，王某一房二卖，存在欺诈行为。民事调解书已经生效，王某应当结清按揭贷款，协助程先生办理房产过户登记，而无权将该房屋再行转让。其二，陆先生并非善意。程先生于 2013 年 1 月份已经在该房屋居住，同年 8 月陆先生却取得了该房屋的房产证，实属让人匪夷所思。且不说他和王某是否存在恶意串通、虚假交易的嫌疑；作为二手房购买人，陆先生一直不到现场查验房屋，的确不合常理和交易习惯。

现在陆先生要求程先生腾房，而程先生又提起行政诉讼，请求撤销陆先生的房产证。程先生既不可能腾房，又无法申请法院强制执行办理房产过户登记，只有静候人民法院的公正判决。正所谓：如今购买按揭房，暗中玄机跑断肠；一旦卖主有恶意，逼君起诉上公堂。

争点热评 »»»»»»»»»»»

按揭商品房交易存在以下问题，一是没有结清按揭贷款，放贷银行抵押权仍然存在；二是没有办理房产证；三是即使办理了房产证，但是房产管理部门暂不颁发，或者虽然颁发房产证却加盖抵押期限的印章。近年来，由于不动产计算机登记程序的更新和完善，按揭商品房不动产权证不再加盖抵押登记印章。有的按揭商品房二次交易中，双方约定由购房人以出卖方贷款人的名义继续偿还银行按揭贷款，由于长期无法办理房产过户登记，几年之后还有可能因出卖人的其他债务引发一系列房产纠纷。

购买按揭贷款商品房，最好要求出卖人清偿按揭贷款本息，及时办理房产过户登记，才可以避免房产纠纷；否则，很可能给购房人带来难以预料的麻烦。为此，《民法典》第 406 条第 1 款规定："抵押期间，抵押人可以转让抵押财产。当事人另有约定的，按照其约定。抵押财产转让的，抵押权不受影响。"《物权法》第 191 条第 2 款规定："抵押期间，抵押人未经抵押权人同意，不得转让抵押财产，但受让人代为清偿债务消灭抵押权的除外。"前者是对后者的修改和完善，促进了物的交易流转，既保障了抵押权人的权益，又保护了购买人的利益。但是，在房地产交易过程中，不动产登记的相关法规规章还需要进一步完善，人们的观念和理念还需要转变，抵押财产的顺畅流转还需要一个过程。

79 无法放贷的按揭购房

【基本案情】

将近年底，不断有房地产开发商向市房屋登记机构反映，有的业主按揭购买商品房，银行却无法发放贷款，业主要求退房，商品房销售量不断下降，年底资金紧张，公司压力巨大。

【法理精析】

按揭购买商品房，是指购房人首付一定比例购房款给开发商，再把购买的商品房抵押给银行，开发商作担保，银行将剩余房款支付给开发商，购房人在一定年限内（一般在 20 年以上）每月向银行按一定比例偿还本息的购房方式。绝大多数业主是以按揭贷款的方式购买商品房，这种消费方式是超前消费，极大地刺激了房地产交易市场的快速发展。当然，这种消费方式也有其潜在的商业和法律风险。

国家鼓励按揭购买首套房，控制按揭购买二套房，禁止按揭购买三套房。银行对按揭人的偿还能力和征信度要进行严格审查，且按揭贷款二套房的首付比例和贷款利率比首套住房有较大提高。就这些要素房地产开发商和楼盘销售人员应当尽到提前告知义务，可是有的房地产开发商和楼盘销售人员并没有做到。当然，也有一些购房人故意隐瞒真相，开具虚假收入证明，致使办理按揭抵押登记后，银行无法发放按揭贷款。

按揭抵押登记是房屋登记机构根据当事人（购房人、银行和开发商）的申请，依法办理的抵押权登记，具有物权效力，未经法定程序不得擅自撤销。开发商已经将商品房预售给购房人，购房人支付了首付款，而银行又无法发放贷款，这将导致三个法律关系问题的出现：一是按揭抵押登记如何撤销；二是商品房买卖合同如何解除；三是商品房买卖合同备案如何注销。这些问题处理起来耗时费力，势必影响房地产开发商的信誉和销售量。正所谓：按揭购买商品房，购房标准君莫忘；倘若商家不告知，商家买家跑断肠。

争点热评 »»»»»»»»»»»»»

　　按揭购买商品房实行之初，银行放贷并没有严格的审查制度，商品房按揭贷款曾经是商业银行的主要业务。随着房地产宏观调控政策的重大变化，央行逐步加大对按揭贷款的监管力度，商业银行对按揭贷款申请人的审查也越来越严格。特别在每年年底，银行按揭贷款额度将近用完之时，发放按揭贷款更加困难。本案从按揭贷款的一个侧面，反映出 2013 年之后逐渐紧缩的货币政策对房地产市场产生的影响。

十七、2014 年 5 个房地产案例

80　兄弟争房何时了

▶【基本案情】

10 年前，兄在市郊区某村帮助其弟出资建造了一处住宅，其弟办理了自己的房产证，并在该房屋居住。5 年前，城中村改造涉及房屋拆迁补偿，兄向弟索要房产，弟不给，兄遂提起行政诉讼，请求法院撤销房产管理部门为其弟办理的房产证。这起兄弟争夺房产的案件从 2011 年 2 月到 2014 年 2 月历经整整 3 年时间，经过区人民法院、市中级人民法院和省高级人民法院的 5 次庭审，可以说波折不断。

⚖【法理精析】

这是一起典型的由家庭房产民事纠纷引起的行政诉讼案件。该案本身并不复杂，但是对法律的理解，法官和当事人的意见各不相同，加上兄弟两人各不相让，导致该案久拖不决。

2007 年《物权法》生效之前，特别是 2000 年左右，虽然《城市房地产管理法》规定了国家施行房地产登记发证制度，但是对农村和城市郊区的房屋如何登记发证，国家还没有制定相应的规章和管理办法。为了推动城市郊区的房屋登记发证工作，各地房产管理部门出台相应措施，简化办证程序，主要审查村民身份和产权来源，只要是本村村民、房屋产权无争议，就予以

登记发证。在审理房产纠纷案件时，应当依照法不溯及既往原则，不能用现在的法律观点看待当时的办证行为。

本案中，弟办理了房产证，兄是建房出资人，无论该房产证是否被撤销，均不能解决兄弟之间的民事纠纷；甚至可以说，如果房产证被撤销，绝对没有补办房产证的可能，对于兄弟两人均没有好处，而且损失更大。无证的房产很难得到合理的拆迁补偿。所以说，这是几场毫无意义的官司，劳民伤财，浪费司法资源。当法律和道义发生冲突之时，法官也很难取舍。解铃还须系铃人，兄弟两人只有相互谦让，才能化解矛盾纠纷。正所谓：城中改造要补偿，兄弟相争不相让；解铃还须系铃人，枉打官司好几场。

争点热评 >>>>>>>>>>>>>>>>>

就像本案一样，好多房地产纠纷案件，打官司并不是最佳的选择。聪明的当事人总会预防纠纷，出现纠纷也会巧妙化解，打官司是不得已而为之。有的城中村改造项目还没有开始，利害关系人就开始打官司，到改造项目结束时官司还没有打完；有的是官司结束了，改造项目还没有开始，这不能不让人反思。

81 如此公证 错在何方

【基本案情】

吴老太育有两个女儿，还有一处房产。老伴去世后，吴老太和大女儿一家共同居住在该房屋内。吴老太不幸染上重病后，大女儿趁机将其带到公证处立下公证遗嘱，明确将来由大女儿继承该房产。不久吴老太去世，小女儿要分割该房产，大女儿不同意，小女儿一纸诉状将大女儿告上法庭。在诉讼过程中，大女儿向法庭提供了公证书，证明诉争房屋归自己所有。小女儿认为，公证时母亲重病在身意识不清，公证不公正，不能将该房产判归大女儿一个人所有。官司打了两年多。

【法理精析】

在没有证据证明诉争房产属于吴老太个人财产的前提下，本案至少存在以下三个问题：

一是遗嘱。且不说吴老太立遗嘱时是否具有完全民事行为能力（精神意识是否存在障碍），即便具有完全民事行为能力，因该房产属于夫妻的共同财产，吴老太也无权处分。如果吴老太是无民事行为能力或限制民事行为能力人，其所立遗嘱当然无效，这种情况下，无论诉争房产是夫妻一方个人财产还是夫妻共同财产，均应当按照法定继承规定进行分割。

二是法院。虽然公证书的证明力大于一般书面证据，但是根据《最高人民法院关于民事诉讼证据的若干规定》第 10 条的规定，当事人有相反证据足以推翻的除外。这里的相反证据（事实）就是吴老太的老伴去世在先，其无权处分夫妻共同财产。法院之所以犹豫不决，就在于对公证书的认识存在不同的理解。有的法官认为公证是行政行为，不属于民事案件审理范围，所以中止民事案件审理，让当事人先解决行政纠纷，再来解决民事纠纷。

三是公证机构。公证机构明知公证申请人申请的事项违法，仍然出具遗嘱公证书，对此公证机构存在过错。2005 年之前公证机构属于行政机关，公证书内容违法，可以提起行政诉讼予以撤销。2006 年施行，后于 2015 年、2017 年修正的《中华人民共和国公证法》第 39 条设立了违法公证事项的撤销和更正制度，但是很难实行。而该法第 40 条和第 43 条的规定，认为公证行为违法，可以提起民事诉讼。《民事诉讼法》又没有相应的对公证机构提起民事诉讼的规定，如果公证机构自身不肯纠错，利害关系人可能会投诉无门。正所谓：司法简单事难断，认识不同法难缠；司法改革数十载，人民期待法完善。

争点热评 〉〉〉〉〉〉〉〉〉〉〉〉〉〉〉〉〉

本案因公证机构没有纠错，最终通过民事诉讼判决公证机构赔偿了小女儿的损失。具有行政职能或公益事业的行政事业单位，面对过错，宁肯让当事人提起诉讼，也不愿意承认错误、纠正错误，这种思维模式确实应当改变了。

随着法治建设的不断推进，法理学的深入研究，过去常见的法律分歧，对于今天的法律人士来讲，已经不是什么疑难问题。但是新的法律问题将会不断出现，学习研究永不止步。

82 经济适用住房满 5 年可办理商品房房产证

【基本案情】

10 年前，张先生购买了一套经济适用住房，并于当年办理了经适房房产证。根据《经济适用住房管理办法》的规定，购买经适房满 5 年的，可以依法转让。近年来，张先生一直想把经适房卖掉，改善居住环境，购买一套大面积商品房，但是由于无法办理房产转让手续，愿望迟迟无法实现。为此，张先生曾向多个部门反映，问题始终无法得到解决。

【法理精析】

经适房是我国特定历史条件下，为解决城镇低收入群体住房问题而产生的一种特殊房产。其与商品房的根本区别，就在于土地使用权是划拨取得的，购房人拥有有限产权。从 20 年的发展情况看，经适房的进展并不像当初设计得那么理想，至少存在以下问题：比商品房价格稍低，类似于商品房，但又不是商品房；既是政府福利分房，又是业主购买房屋；既提高了政府的管理成本，又限制了业主自由退出及转让的权利。基于此，全国各地相继停止建设经适房，加大了廉租房和公租房的建设力度。

根据《经济适用住房管理办法》第 30 条的规定，购买经适房满 5 年，购买人转让经适房的，应当交纳相应的土地收益金，政府可优先回购。由于经适房转让涉及多个管理部门，如果没有相应配套措施，没有明确的土地收益金缴纳标准和程序，即使办理了经适房房产证，张先生也无法转让经适房。

2014 年 6 月，许昌市住建局、发展改革委、财政局、监察局等七部门联合下发文件，规定自购买经适房之日起（经适房买卖合同签订之日起）满 5 年的，向住房保障机构申请，经审核同意，购房人按照原购房总价款的一定比例向财政部门交纳土地收益金，可以向房屋登记机构申请办理商品房房产证，凭此证购房人可以自由转让房产。这一规定激活了经适房交易市场。同时，该文件还规定许昌市停止建设经适房，政府放弃优先购买权等相关政策。正所谓：经济住房二十载，市场交易难上来；而今政府解民忧，激活市场人心快。

争点热评 >>>>>>>>>>>>>>>>>>

经济适用住房建设已经成为历史，国有性质的中国房地产公司（分公司）也相继改制为私营企业，大量的经适房逐步转化为具有完全产权的房产。但是仍有少数经适房的遗留问题没有得到根本解决，主要表现为开发企业早已改制为私营企业，而当初购买经适房的业主至今还没有办理房产证，这些问题在以后的案例分析中还会涉及。

83 民间借贷需谨慎 房产抵押要登记

【基本案情】

2013 年 7 月，张女士和王某夫妇签订了借款合同，王某夫妇用王某名下的房产证作担保，向张女士借款 20 万元整，月息二分，利息每月一付。双方未约定借款期限，张女士需要收回本金时，需提前三天通知王某。签订借款合同当天，张女士向王某账户打款 20 万元整，王某将房产证交付给张女士。2014 年 4 月份以来，张女士再也没有收到过借款利息。张女士找王某，王某躲着不见；又找王某妻子，王某妻子说：钱是王某借的，与自己无关。无奈，张女士拿着房产证到房产管理部门查询，工作人员告知房产证是假的。

【法理精析】

此类民间借贷的法律风险，之前也做过类似的案例分析。近年来，由于金融机构紧缩银根，民间借贷更加频繁，躲债逃债的现象越来越多，给债权人带来了极大的法律风险。而本案有其特别之处，王某为了民间借贷，利用张女士无知和追求利益的心理，居然提供伪造的房产证，骗取钱财，不但要承担民事责任，还可能涉及违法犯罪，有必要作进一步分析，以增强人们的防范意识。

国家允许民间借贷，其利息在银行同期同类贷款利率 4 倍之内的，受法律保护。民间借贷合同约定月息二分，并不违反法律规定。王某夫妻共同参与借款行为，是张女士的共同债务人，应当共同承担连带责任。但是张女士并没有任何优先权，只是普通的债权人。

由于民间资本运作的隐蔽性，其资本运作和风险，债权人是无法预料和掌控的，如果没有相应的担保措施，很难保证不出现问题。张女士自认为对方提供了房产证，她的债权就有了保障，其实这是一种误解。即便是真的房产证，也起不到任何担保作用，何况是假房产证。如果王某有欺诈心理，即使提供了真房产证，他还可以申请丢失补办房产证，这样的例子时有发生。房屋担保只有经过房产管理部门办理了抵押登记，出借人才取得该房屋的抵押权，也就是说，借款人不履行到期债务，出借人对该房屋有优先受偿权，可以通过拍卖、折价等方式偿还贷款本息。同时，通过房屋抵押登记，还可以阻止借款人恶意转让房产，甄别房产证的真伪，防止上当受骗。正所谓：商业银行慎放贷，民间资金流动快；借款押房不登记，债权难保你要栽。

争点热评 ≫≫≫≫≫≫≫≫≫≫≫≫

由于民间借贷案件多发频发，自 2015 年 9 月 1 日起施行，后于 2020 年修正、2020 年第二次修正的《最高人民法院关于审理民间借贷案件适用法律若干问题的规定》取代了之前的司法解释。为了适应新的形势，该司法解释丰富和完善了民间借贷行为，对民间借贷利息也进行了规范；由于中国人民银行货币政策调整，最高人民法院对民间借贷利息条款进行了相应的修改，将同期贷款基准利率改为贷款市场报价利率，实质上是缩小了民间贷款利息的保护范围。

84 城中村集体土地上的房屋如何转让

【基本案情】

老王是市郊区某村委会的原村民，其父在该村为其申请批建一处住宅，为四间平房。老王大学毕业后在市区工作，妻子和孩子均为城市户口。2000年政府推行郊区房屋登记发证工作，老王申请办理了四间平房的房产证。近年来，由于城镇化进程加快，老王原来所在的郊区农村变成了城中村，村委会改为居委会。近期老王想把四间平房赠与儿子小王，但是房产过户遇到了麻烦，老王感到很郁闷。

【法理精析】

房屋赠与过户登记属于房屋转移登记的范畴。制约老王父子办理房屋转移登记的依据是原建设部《房屋登记办法》，该规章第87条规定："申请农村村民住房所有权转移登记，受让人不属于房屋所在地农村集体经济组织成员的，除法律、法规另有规定外，房屋登记机构应当不予办理。"这里的法律、法规另有规定，一般是指继承、判决等情形的，申请人非本村村民可以办理房屋转移登记；如果是买卖、赠与等情形的，受让人非本村村民的，不予办理房屋过户登记。

本案的特殊性在于，四间平房原属于郊区，现在位于城中村，农村村民转化为城市居民，农村集体成员的身份已经丧失，而房屋有可能被征收拆迁，集体土地所有权性质也有可能转换为国有。老王和儿子均为城市户口，而房产证及登记簿记载的仍为集体土地性质的房屋所有权。基于此，房屋登记机构无法为老王父子办理房产过户登记。但是，不能办理房产过户登记并不能以此认定房屋赠与行为无效，老王的赠与行为并不违反法律、行政法规的强制性规定。如此看来，于情、于理、于法，为老王父子办理房产过户登记，均不为过。

说到底，本案是集体土地使用权转让的问题。这并不是个案，而是一个有普遍性又有敏感性的话题。村民房屋占用的宅基地是集体土地，《土地管理法》规定宅基地不得单独转让，而转让集体土地上的房屋并没有法律禁止性强制性规定。1999 年至 2007 年，为了防止农民丧失居住权，国务院办公厅相继发出通知，规定城镇居民不得购买农村集体土地上的房屋。相关通知虽然已经成为很多法院判决城镇居民购买农村房屋无效的依据，但是这些判决在现实中很难执行。判决书成为一纸空文，当事人诉累，司法机器空转，浪费司法资源，损害法律尊严。北京郊区宋庄画家村的房屋买卖合同纠纷案就是这一典型案例。

依照法律规定，只有违反法律、行政法规强制性规定，才可以认定民事合同无效，其他规范性文件不得成为民事合同无效的依据。现实生活中，很多情况下限制农民自由转让房屋并不是保护农民利益，而是伤害了农民利益。党的十八届三中全会提出："慎重稳妥推进农民住房财产权抵押、担保、转让，探索农民增加财产性收入渠道。"这是我们值得深思的问题。正所谓：农民意欲转房产，本村村民才能办；倘若买方城里人，双方利益难保全。

争点热评

通过前几年的改革探索，南方发达地区发展乡村旅游，以入股等方式盘活了农民闲置房屋资源，增加了农民收入。

自 2016 年 1 月 1 日起施行的《不动产登记暂行条例实施细则》仅规定了宅基地房屋可以继承析产和集体经济组织内部互换的，可以办理不动产登记。2019 年修正的《土地管理法》第 62 条增加了"国家允许进城落户的农村村民依法自愿有偿退出宅基地，鼓励农村集体经济组织及其成员盘活利用闲置宅基地和闲置住宅"，同时增加了有关提高农村住房征收补偿标准和集体经营性建设用地使用权可以依法转让的规定，也是对农民利益的重要保护。

十八、2016 年 6 个房地产案例

85 破解经济适用住房办证难题

▶【基本案情】

2015 年 10 月开始，市民张女士多次向信访等部门反映：2008 年 8 月，张女士以按揭贷款方式购买市区延中二期经济适用住房一套。2010 年，按揭贷款清偿完毕后，张女士要求办理房产证，却因没有购房正式发票（不动产专用发票）而无法办理。2015 年 8 月，张女士见到五部门联合下发的文件，说经适房可以办理房产证。张女士凭购房收据缴纳了契税和滞纳金，但还是因为没有不动产专用发票，无法办理房产证。无奈，张女士请求市长帮助解决。

【法理精析】

张女士反映的问题并非个案，牵涉到一批经适房办证疑难问题。市长非常重视该问题，2015 年 12 月 24 日晚上，市长在市信访局召开由市住建、土地、地税等有关部门主要领导参加的协调会。市长听取各部门汇报后决定印发会议纪要，明确有房产大证（房屋初始登记）、购房人没有不动产专用发票但有购房收据的，凭购房收据缴纳契税后，可以办理房产证。

经适房遗留问题很多，其中业主办证难就是主要问题之一。2014 年 6 月 17 日笔者在《许昌日报》作《经适房满 5 年可以办理商品房权证》的案例分析，就是基于市住建局等七部门联合出台的《关于进一步规范经济适用住房

管理有关问题的意见》（以下简称《意见》）进行的。2015 年 8 月 21 日，市住建局等五部门又联合出台了《关于进一步规范经济适用住房管理有关问题的意见的补充意见》（以下简称《补充意见》）。张女士就是看到《补充意见》后，再次申请办证的。

《意见》解决的是经适房商品房化的问题，而《补充意见》想要解决的是，有经适房房产大证，购买的经适房存在瑕疵，如何办理经适房房产证的问题。就本案而言，存在三个问题。其一，经适房开发已经退出历史舞台，原经适房开发公司已经注销；其二，原经适房开发公司注销后，张女士的购房收据无法更换成不动产专用发票；其三，正常程序办理经适房房产证，购房人要提供不动产专用发票。地方税务部门出具不动产专用发票，开发公司应当交纳营业税。而经适房开发公司已经注销，纳税主体消亡，征收税金的对象不复存在，地税部门无法出具不动产专用发票。而张女士已经尽到了自己的纳税义务，没有不动产专用发票，并非购房人的过错造成的。经适房开发公司原来属于地方国有企业，纳税归地方财政。政府本着尊重历史和实事求是的精神，解决了一批经适房办证难题，既合情合理，又不违反法律规定，为政府增加了契税收入，为群众办了好事。正所谓：经济住房办证难，市长为民解忧烦；实事求是不违法，政府百姓尽欢颜。

争点热评

据了解，到 2022 年仍有部分经适房问题还没有得到彻底解决，原因很复杂，主要存在以下几个方面：原经适房开发公司改制注销后，少数经适房还没有办理不动产首次登记（房屋初始登记）；无法办证的经适房购房人，存在无证交易行为；经适房小区公共设施维修和物业管理不到位等问题。这些问题都需要一个解决和完善的过程。

86 巧妙化解存量房 企业方能渡商海

【基本案情】

2012年，某房地产公司开发了一个房地产项目。2013年6月，该公司取得商品房预售许可证，开始预售商品房。但是销售业绩不佳，资金回笼缓慢，工程进度迟缓，到2014年仍没有好转。2015年初，房地产公司以在建工程向银行抵押贷款，继续艰难支撑。2016年初，抵押贷款到期，银行要求清偿债务，房地产公司请求延展抵押期限。为此，双方需要充分协商，达成共识，签订补充抵押合同；否则，银行将行使抵押权。

【法理精析】

从政策方面来看，2003年至2013年，虽然遭遇了2008年的美国华尔街金融危机，我国房地产市场受到极大影响，但是宏观调控政策的变化反而刺激了房价的上涨。然而，2013年下半年，为了防范金融风险，国家实行稳健的货币政策，银行收缩银根，房地产市场出现逆转，特别是三四线城市，库存量增加，销售量下滑，地方经济下行压力增大，民间借贷活跃。为此，地方政府相继取消了房地产限购政策，有的城市还推出购房补助优惠措施，政府按照购房面积为商品房购买人每平方米补贴100元或者200元。2015年12月召开的中央经济工作会议，分析了房地产市场的形势，提出了"化解房地产库存"的总要求。对房地产开发企业，会议特别指出："要鼓励房地产开发企业顺应市场规律调整营销策略，适当降低商品房住房价格，促进房地产业兼并重组，提高产业集中度。要取消过时的限制性措施。"这标志着我国的房地产市场发展已经进入新常态。

从法律方面来看，本案的关键是商品房销售缓慢，资金紧张，在建工程抵押贷款到期。在建工程抵押贷款的特点是数额巨大、风险巨大。所以，通常情况下，商业银行的在建工程抵押贷款合同文本中设置的贷款期限比较短，一般是半年或者一年。在建工程抵押是抵押物权的一种，债务人到期不能偿还债务，债权人不同意延期的，抵押权人可以行使抵押权，并对抵押物有优先受偿权。如果放贷银行同意开发商延展贷款期限，等同于双方当事人变更了抵押贷款合同，需要依法办理抵押变更登记。对此，放贷银行会慎重评估实现抵押权的成本和延展贷款期限的风险，作出理性选择。正所谓：市场进入新常态，高价房产已不再；巧妙化解库存量，企业方能渡商海。

争点热评

事实证明，像之前分析的那样，2008 年以来发生过两次房地产市场震荡，第一次是 2015 年，第二次是 2019 年以后。2015 年经过地方政府救市，刺激了房地产市场，使少部分房地产开发企业起死回生，但是大部分实力弱小的房地产开发企业很难东山再起。由于地方政府不断实施优惠的房地产政策，土地交易一级市场活跃，地价上涨，2018 年房价达到最高峰。2019 年中央出台房地产宏观调控政策，房地产业已经不是经济发展的支柱产业，从根本上遏制了房价的上涨势头，此次调整再一次将部分房地产开发企业淘汰出局，其中不乏国内知名的大型房地产开发企业。当前，房地产僵尸企业如何破产清算、问题楼盘如何化解，是需要当地政府和开发商破解的难题。

87 按揭购买商品房 无力还贷引风波

【基本案情】

2015 年 7 月，某房地产公司（申请人）向仲裁委员会申请仲裁，请求裁定购房人（被申请人）赔偿申请人被银行划走的房屋贷款本息和损失。仲裁庭查明：2008 年 5 月，被申请人以按揭贷款的方式购买了申请人开发的商品房，按揭贷款期限 20 年。2010 年，房屋竣工交付给被申请人。银行发放贷款后，被申请人按月支付贷款本息，但是到 2015 年 2 月以后，被申请人无力还贷。放贷银行多次催告被申请人无果后，同年 5 月，该银行直接从申请人的贷款保证金中，将被申请人无力还贷的所有剩余贷款本息划拨转账到银行账户。申请人在向被申请人催要无果的情况下，依据商品房买卖合同仲裁条款，向仲裁委员会申请仲裁。

【法理精析】

被申请人在按揭贷款时，并没有充分考虑自己的偿还能力，导致中途无力还贷。房子虽然到手，但是无法正常居住，也无法出租以房养房。从法律关系上讲，银行和被申请人是借贷关系，商品房是抵押物，申请人是担保人。银行既可以向被申请人单方追讨借款本息，也可以向被申请人和申请人共同追讨债务，还可以依法申请将商品房拍卖偿还债务。为了防范风险，银行利用自身优势地位，在办理商品房按揭贷款时，要求房地产公司另外提供保证金，通常是工程造价的 3%，保证金账号由银行监管。本案中，放贷银行直接从申请人的保证金中划走被申请人应当偿还的本金和利息，以无成本的代价，实现自我救济。而申请人只得向被申请人追偿。如果被申请人仍无力偿还，购买的商品房可能被折价抵偿债务。

据不完全统计，95% 以上的购房人是以按揭贷款的方式购买商品房。之前我们也说过，商品房按揭贷款是房地产市场的催化剂，没有按揭购买商品房这种消费模式，就没有房地产发展的今天。但是，这种消费模式并非十全十美，它也存在着诸多风险，需要开发商、银行和购房人慎重考虑。

中国的城镇化进程已经走到了需要抉择的关键时刻。一方面，经济发展需要房地产的支撑；另一方面，房地产市场的快速发展，又造成产能过剩，商品房库存量增加。如何协调好发展与去库存的关系，是各级政府面临的重大问题。正所谓：按揭购房风险多，无力还贷引风波；巧妙化解库存量，房产市场能盘活。

争点热评 >>>>>>>>>>>>>>>>>>

本案并非个例。近年来，受世界经济和新冠病毒疫情的影响，国内经济下行压力增大，加之房屋租赁市场冷清，个人收入减少，偿还按揭贷款能力下降，直接影响着房地产市场的活力。

房地产市场受多种因素的影响，其中个人的偿还能力也是重要的因素，按揭贷款购买商品房，应当量力而行，长远计议，不可跟风盲从；否则，一旦出现市场经济波动或者意外事件，就会造成重大的经济损失。房贷银行也应当严格审核放贷标准，预防购房人将来无法偿还贷款，出现断供情形。

88 是商品房买卖 还是民间借贷

【基本案情】

2013 年 1 月。陶先生借给某民间融资担保公司 200 万元，月息三分，借款期限 6 个月，利息每月月底前结清。为了保险起见，陶先生要求融资担保公司提供担保，融资担保公司委托某房地产公司提供担保。房地产公司以自己 200 平方米的营业房作为担保，与陶先生签订了商品房买卖合同，承诺如果 200 万元的本息不能偿还，营业房归陶先生。合同签订后，陶先生将 200 万元通过银行转账给融资担保公司。陶先生前三个月利息按时收取，后三个月分文未得，期满后本金也无法收回。陶先生想提起诉讼，公司人去楼空；想要房产，该房早已被他人予以商品房买卖合同备案。到 2016 年，陶先生债务缠身，苦不堪言。

【法理精析】

本案的本质是以商品房买卖的形式为担保的民间借贷。融资担保公司，是指为民间借贷提供担保或者借款并从中获利的公司。本案的融资担保公司，可能是挂靠融资担保公司，或者是虚假的融资担保公司，不具有金融公司资质。这些融资担保公司往往以个人的名义低价借款高价放贷，从中牟利，属于民间借贷，不属于金融借贷。

陶先生自以为签订了营业房买卖合同就万无一失，其实这已经埋下了祸根。陶先生与房地产公司签订的商品房买卖合同，名为商品房买卖，实为给陶先生与融资担保公司的民间借贷提供担保。但是这种担保得不到任何法律保护。既没有抵押登记，又没有合同备案，可以说是一纸空文。一旦房地产公司一房多卖，或者是抵押贷款，陶先生根本无法从营业房上获得任何补偿，事实证明就是如此，该营业房早已出售并进行了合同备案。由于民间借贷是民事行为，隐蔽性强，难以监管，需要谨慎，最好的办法是依法办理抵押担保登记。

民间借贷法律并没有禁止。2015 年 9 月 1 日之前，按照《最高人民法院关于人民法院审理借贷案件的若干意见》的规定，民间借贷的利息最高不超过同期同类银行贷款利率的 4 倍，还规定企业之间不得拆借，否则无效。由于银行贷款成本高，手续烦琐，而紧缩银根的货币政策又不断出台，中小企业融资难。为此，部分中小企业便通过民间借贷方式融资，但是民间借贷隐蔽性强，难以监管，发生金融风险是不可避免的，这是我国当前民间借贷暴露出来的普遍性问题。正所谓：民间借贷利息高，企业要过独木桥；资金链条一旦断，有人哭来有人逃。

争点热评 >>>>>>>>>>>>>>>>>>>>>>

后来发现，本案的真相是，所谓的"融资担保公司"是由房地产公司注册成立的非金融公司，两个公司的实际控制人为同一个自然人，因经营不善宣布破产。自 2015 年 9 月 1 日起施行的《最高人民法院关于审理民间借贷案件适用法律若干问题的规定》允许企业之间拆借，并对以商品房买卖合同变相担保民间借贷进行了规范。

89 是按揭售房 还是融资套现

【基本案情】

2010年6月，齐先生以按揭贷款方式预购了某房地产公司300平方米的营业房。4年后，因齐先生无力偿还银行贷款，银行向人民法院提起诉讼，请求齐先生承担民事责任。2015年6月，人民法院作出判决支持银行的诉求，裁定将齐先生按揭购买的营业房拍卖偿还所欠银行本息。其间，承租人佟先生将一份签字的房屋租赁空白合同交付给房地产公司。而2013年12月，齐先生与佟先生签订了房屋租赁合同，将营业房出租给佟先生。2015年9月，根据该房屋租赁合同仲裁条款，齐先生以佟先生拖欠房租150万元为由，向仲裁委员会提出仲裁申请。双方当事人均未到庭，在仲裁庭审过程中，齐先生的代理人主张：齐先生是出租人，是适格的申请人。被申请人佟先生的代理人则反驳：申请人不适格，房地产公司是出租人。

【法理精析】

我们在这里并不是探讨仲裁庭如何依法裁决，而是分析案情的真相。本案相当复杂，是按揭售房，还是融资套现纠纷，涉及多个争议焦点，其中的关键是谁是真正的出租人。这就牵扯出齐先生是否为真正的购房人这一问题。

通常情况下，按揭购房人就是商品房的预购人。而佟先生主张，自己对齐先生比较了解，他只是社会上的无业人员，根本没有能力按揭购买营业房，是房地产公司借用其个人名义按揭销售营业房，再抵押贷款套取银行资金，齐先生在房屋租赁合同上的签名，是受房地产公司的指派，只是一个受托人，出租人应当是房地产公司。而齐先生主张，自己是营业房按揭购买人，有人民法院的判决书证明，所以是营业房的出租人。但是，双方当事人的代理人均未提供预售商品房买卖合同、房屋租赁合同、人民法院民事判决书等有关重要证据的原件。

在现实中，由于资金链紧张，确有不少房地产开发商借用个人名义按揭购房，抵押套取银行资金，每月贷款本息由房地产开发商支付。而银行为了完成放贷任务，有时并未严格审查按揭贷款人的偿还能力，使房地产开发商有机可乘。当房地产开发商资金紧张，无力按月偿还贷款本息时，放贷银行只能依据他项权证（抵押权证）、预售商品房抵押合同、借款合同等书面证据寻求法律救济。而人民法院的法律文书有时无法送达到身份证被利用者，或者其虽然接到应诉通知书，也不出庭，导致人民法院缺席判决。本案很可能是房地产公司为了套取资金，借用齐先生的名义按揭购买营业房。要不然齐先生也不至于拿不出预售商品房买卖合同、房屋租赁合同原件，民事判决书则是其代理人在银行处复印所得。正所谓：业主出租按揭房，没有证据不正常；司空见惯常套现，清官慧眼不上当。

争点热评

过去部分房地产开发商为了按揭售房套取银行贷款，通常利用职工、亲朋好友的身份证办理预售商品房按揭贷款手续，有的个人对此明知，而还有的个人并不知情。几年之后，不但可能引起房产纠纷，还有可能引起身份信息侵权纠纷；还有可能带来因虚假房产信息影响权利人的房产信息申报、购房资格、纳税等问题。

90　是二手房买卖　还是以房抵债

【基本案情】

2015 年 5 月，翟先生与崔先生签订了房屋买卖协议，约定翟先生以 30 万元的价格将自己的一套住房转让给崔先生，并在当月办理了房产过户登记。翟先生妻子发现后，向不动产登记机构提出异议，认为翟先生与崔先生并不是房屋买卖关系，而是债权债务关系，而且房屋价值远高于 30 万元，房屋买卖侵犯了夫妻共有人的财产权利，办理的房产证应当被撤销。工作人员告知利害关系人，从房产过户登记程序上看并没有不当之处，实质问题不动产登记机构无法审查，最好的办法是通过司法途径解决。

【法理精析】

在现实生活中，因无力偿还民间借贷而以物抵债，是一种民间常见的变相担保行为的后果。但是，这种变相担保行为不受法律保护，原因是《物权法》第 186 条的规定："抵押权人在债务履行期届满前，不得与抵押人约定债务人不履行到期债务时抵押财产归债权人所有。"这就是所谓的禁止流押。但是，人们会经常规避这种行为，虽然借款协议约定以借款人的房产作担保，没有约定到期不履行债务的，房产归出借人所有；而当借款期限届满借款人无力偿还借款时，出借人就要求借款人另行签订房屋买卖协议，以房屋买卖掩盖民间借贷担保，办理房产过户登记，而不动产登记机构无权审查申请材料之外的真实意思。借债还钱天经地义，但是以房抵债有时房价偏低，有失公平，还可能造成借款人居无定所，给社会带来不安定因素。这些需要借助司法的力量，才有望得到公正的处理。

2015 年之前，为了"吃"高息，民间借贷成风，一时间几乎人人参与，见面必言放贷挣钱行情。随着民间借贷浪潮的退去，人们才发现"裸游者"

比比皆是，已经成为一种社会问题。无比强烈的逐利心理，是人们付出代价的根本原因。正所谓：民间借贷早成风，击鼓传花他已停；鼓声停罢浪淘尽，退潮裸奔风雨中。

争点热评 »»»»»»»»»»»»»»»»»

涉及房地产的民间借贷，之前也有类似的案例分析，之所以一再出现，说明它对人们的影响如此广泛，如此深远，它能使房地产开发商举步维艰濒临破产、借贷人居无定所东躲西藏。不仅如此，由民间借贷衍生出来的套路贷、校园贷、美容贷、租房贷等，更是社会的毒瘤，使受害人倾家荡产无家可归。还好，通过近几年的治理，基本铲除了这些社会毒瘤，还人们一个平安的生活。

根据《民法典》第 401 条的规定："抵押权人在债务履行期限届满前，与抵押人约定债务人不履行到期债务时抵押财产归债权人所有的，只能依法就抵押财产优先受偿"，是对《物权法》第 186 条的修订和完善。需要说明的一点是，当时的民间借贷以房产作担保的，有的当事人办理了抵押登记，有的没有办理，两种情况均不影响抵押合同（抵押行为）的效力。

十九、2021 年 10 个房地产案例

91 不动产办证何其难

2017 年 2 月 13 日，央视新闻报道了河北省某市不动产登记办证难问题。某企业为职工集资建设住宅楼，一直没有办理房产证，2016 年申请办理不动产登记时，被市不动产登记机构告知无法办理，职工不断向市领导反映，请求解决。2017 年 2 月，央视记者采访分管副市长，询问何时解决办证难问题，副市长回应，该宗地原为工业用地，后改为住宅用地，等房屋落宗完成后才能办，3 个月内办不成。

【法理精析】

近年来，不动产登记难的案件在全国不断发生，成为社会关注的焦点。2015 年国家推行不动产登记机构改革，将房屋登记机构和土地登记机构合并为一个不动产登记机构，颁发统一的不动产登记证书。在此之前，不论房产、土地是否隶属于两个或者一个房产管理部门，登记均分别进行，即房屋登记机构办理房屋所有权证，土地登记机构办理土地使用权证。由于房地产市场快速发展，商品房、集资房等房屋大量开发建设，房屋登记量迅速上升。近几年来，仅三线城市各类房屋登记每年在 10 万件以上，一二线城市呈数十倍增长，而土地登记量不到房屋登记的 1%。土地申请人主要是房地产公司和其他建设单位，

而公民个人极少申请土地登记，土地登记信息化程度不高。合并后不动产登记机构归属于土地管理部门，土地管理部门的理念是房屋登记必须建立在土地登记之上，就是所谓的落宗。因大量房屋登记没有土地信息，无宗可落，两类计算机登记系统又不兼容，造成不动产机构合并后大量不动产登记无法办理。

针对不动产登记的困境，许昌市国土资源局研究的对策是：房屋信息齐全但无法落宗的，土地信息可以暂时留白，办理不动产登记。通过这种办法暂时解决了不动产登记难题。如何办理落宗，目前法律上还是空白。落宗只是国土系统的习惯说法，实质上就是房地一体。为解决房地一体问题，《物权法》第146、147 条和《城市房地产管理法》第 32 条对此均有规定，房地产转让、抵押时，房屋所有权和该房屋占用范围内的土地使用权同时转让、抵押。办理房屋不动产登记时，无法落宗的土地信息留白并不违反法律规定。现在，有的地市办理不动产登记时，为使土地信息不留空白，设立虚拟宗地落宗，这只是技术上的权宜之计，并不合乎法律的规定。本案中工业用地改为住宅用地，虽与不动产登记有关，但是属于《城乡规划法》调整的范围，不在此讨论。

争点热评

2018 年国家实行机构改革，各地市相继成立了自然资源和规划局，自然资源部加大了对不动产登记机构的监管，推广不动产登记限时办结制。近年来，不动产登记效率极大提高，有些不动产登记当天可取，收到了良好的社会效果。但是，仍有部分地市的不动产登记靠人海战术提高工作效率，信息化自动化程度不高，是制约不动产登记可持续发展的瓶颈。

《民法典》第 356、357 条继承了《物权法》第 146、147 条的规定，不动产登记落宗问题仍然不是法律上的障碍。在住宅小区内，业主的高层住宅对占用土地的界址、面积无法界定，不符合《民法典》第 211 条"当事人申请登记，应当根据不同登记事项提供权属证明和不动产界址、面积等必要材料"的规定。所以，业主购买的商品房、集资房等不动产权属面积的要素，主要指房屋建筑面积，而不应当包含占用土地使用权的具体面积，土地使用权应当是全体业主共有，不需要也无法填写每户具体的界址、面积，这就是建筑物区分所有权的本质所在。

92 第一次出庭

【基本案情】

2008 年，笔者考取国家法律职业资格的第二年，分管房屋登记发证工作。有一家房地产公司经理向笔者反映，其公司申请办理的商住楼房产证中记载的一层临街商业用房建筑面积有误，比实际建筑面积每户少 3 平方米，10 户共少算 30 平方米，要求更正。当时商业用房的房价已经远超住宅房价，30 平方米价值在 30 万元以上，况且房屋已经出售给业主，如果更正不当，势必引起群访事件。笔者立即组织专业人员现场勘验，经核实，该一层临街商业用房建筑面积测量符合技术规范，房屋确权面积无误，于是驳回了房地产公司的更正请求。房地产公司不服，聘请当地著名律师提起行政诉讼，请求人民法院判令市房管局更正该商住楼房屋建筑面积。笔者和工作人员张俊出庭应诉，第一次开庭后，房地产公司撤回了起诉；没过多久，房地产公司代理律师又以其他的理由提起诉讼，开庭前法官劝其撤诉。

【法理精析】

房屋所有权证记载的房屋建筑面积属于确权面积，具有法律效力。房地产公司与购房人签订的商品房买卖合同中关于房屋建筑面积的约定，是房地产公司预先计算的建筑面积，以此为依据计算预收房款，房款最后以房屋确权面积为准，多退少补。而房屋确权面积是经房屋测绘机构测量，房屋登记机构确认记载在房屋所有权证上的建筑面积。本案中房地产公司在领取房屋所有权证后，认为确权面积少算，请求更正，行使的是正当权利。但是房屋登记机构经实地勘验，认为房屋确权面积无误，不符合《房屋登记办法》规定的更正事由。房地产公司提起行政诉讼，请求人民法院判令房屋登记机构依法更正，属于行政诉讼案件。在法庭上，房地产公司代理人提出了大量法律依据，但笔者发现全是民事法律依据。而我们向法庭提交了《中华人民共和国测绘法》《房产测绘管理办法》等法律依据和房屋测绘报告等证据，证明房屋登记机构确权面积准确、合法。同时，笔者一再提醒该案件是行政诉讼，民事法律依据与本案无关，提出特别法优于一般法的主张，并从测绘机构的资质、国家测量规范对房地产公司代理人进行反驳，促使房地产公司两次撤诉。

争点热评 》》》》》》》》》》》》》》》》》》》》》

　　不动产登记看似简单，其实登记种类繁多、技术操作规范复杂，专业性强。没有一定的专业知识，很难打好房地产行政诉讼。2018 年之后，受房地产市场行情的冲击和电商的影响，商业用房价格受挫，但是商业用房的建筑面积仍是房地产市场的焦点之一，备受关注。正因如此，面对房屋面积、价款、按揭抵押、不动产登记、物业服务等一系列专业问题，广大业主也是一筹莫展，维权之路往往漫长。房产管理部门能够依法履行职责，就是对广大业主的最好保护。

　　自 2015 年 3 月 1 日起施行的《不动产登记暂行条例》(后于 2019 年修订) 吸收了《房屋登记办法》的主要内容，《房屋登记办法》和《土地登记办法》相继废止。合并后的不动产登记内容更加丰富、技术更加复杂。不动产登记机构只有提高服务意识，完善计算机登记程序，才能更好地适应房地产市场稳健发展的需求。

93　没有公证的房产遗嘱

【基本案情】

2015 年 5 月 7 日，央视新闻频道《法治在线》栏目报道，南京市江宁区一男子重病在身（一直由女友陪护），知道来日不多，立下遗嘱将自己的一套住房遗赠给女友。男友去世后，该女子携带男友的房产证、遗嘱等相关手续，到房管局申请办理房产过户手续，被告知遗嘱没有公证，无法办理。男友已去世，遗嘱如何公证！无奈，该女子向江宁区人民法院提起行政诉讼，请求人民法院判令房管局办理房产过户手续。经开庭审理，江宁区人民法院判决房管局在接到判决书之日起一个月内，给原告办理房产过户登记。判决指出，房管局提供的 1991 年《司法部、建设部关于房产登记管理中加强公证的联合通知》，与《物权法》《继承法》《房屋登记办法》相冲突，不得作为行政行为的依据。房管局没有上诉。

【法理精析】

长期以来，各地房产管理部门办理遗嘱房产过户手续要求遗嘱必须公证，其依据就是两部门的上述通知。虽然该通知不是部门规章，只是规范性文件，但是房产管理部门以此办理习以为常，没有人敢于突破。

遗嘱是遗嘱人自己的意思表示，只要是没有违法行为，都应当受到法律的保护。民事行为，法无禁止皆可为；行政行为，法有规定方可为。行政机关应当尊重合法的民事行为，保护公民的合法权益。《物权法》《继承法》《房屋登记办法》均没有规定办理遗嘱房产过户需要提供公证遗嘱，而房产管理部门要求提供，没有法律依据，是违法行为，所以，人民法院予以纠正是正确的。同时，判决指出，该通知不得作为行政行为的依据，是值得称道的。

争点热评 »»»»»»»»»»»»»»»

　　由于遗嘱房产登记办证容易引起矛盾纠纷，房屋登记人员又难以审核遗嘱的真实性、合法性，为此 1991 年司法部和建设部联合发布《司法部、建设部关于房屋登记管理中加强公正的联合通知》，之后全国各地房产管理部门办理遗嘱房产过户，需要申请人提供公证遗嘱。房产管理部门虽然堵塞了房产办证漏洞，降低了法律风险，但是也导致了无公证遗嘱房产办证难问题的产生。这一矛盾长期得不到解决，直到 2015 年该案的判决，此时该问题才得到妥善处理，不久两部门将该联合通知废止。

　　《民法典》继承了《物权法》《继承法》的基本内容，仍没有规定不动产登记遗嘱需要公证，但是没有吸收《继承法》第 20 条第 3 款规定的"自书、代书、录音、口头遗嘱，不得撤销、变更公证遗嘱"，说明公证遗嘱优先原则的历史已经成为过去。《不动产登记暂行条例》同样也没有规定不动产登记遗嘱需要公证。

　　本案让人联想起四川某地的一个案例，一名男子生前立遗嘱将自己的房屋等财产遗赠给情人，妻子不服提起诉讼。该案引起了法学界的一场讨论：是以《继承法》保护情人的权利，还是以公序良俗原则保护妻子的权利，结论不言而喻。当然，该案与本案并不相同，不再讨论，只是意外引起的联想。

94 如此判决 法理何在

【基本案情】

刘律师是房屋买卖合同纠纷案件的被告代理人，2012 年 11 月接到判决书后，总感觉判决不合理，但又找不到法律问题所在，就把判决书送给笔者，让笔者看看。2004 年，张先生以 10 万元的价格购买了某村委会的一间临街门面房，因手续不全也没有办理房产过户手续，张先生以每月 500 元的价格将门面房对外出租。2011 年，门面房价格上涨，新任村委会主任以张先生不是本村村民为由，要求原价退房退钱解除合同，张先生不同意，村委会提起诉讼。人民法院认为房屋买卖合同无效，张先生占用门面房收取房租，而村委会占用 10 万元房款也有利息收益，两项孳息相抵，判决支持了村委会的诉求。

【法理精析】

本案判决看似合情合理逻辑严密，其实存在法律漏洞和不公。城中村村委会建设的门面房占用的是集体土地，集体建设用地使用权不得单独转让，这是《土地管理法》规定的，但是集体土地上的房屋能否转让，法律并没有禁止规定。《土地管理法》只规定了宅基地房屋转让的，不得再申请宅基地。但是国务院办公厅曾经印发通知，城市居民不得占用集体土地建房、购买集体土地上的房屋，《房屋登记办法》规定集体土地的房屋可以在本村民之间转让。笔者认为，这些规定尚不能作为非本村村民购买集体房屋的合同无效的依据，但是大多数法院都会作出无效认定，对此不再议论。本案即便应该判决房屋买卖合同无效，对无效后的法律后果也处理不当。

如果张先生购买的门面房没有涨价，人民法院的判决还算公平合理。但是 2004 年到 2012 年城市房价成倍增长，临街门面房更是如此，即使是城中村集体土地建设的门面房价位也不菲，法官没有考虑到房价上涨所产生的利益，更没有考虑到导致合同无效的主要责任和诚信原则。本案的事实证明，村委会应当承担合同无效的主要责任，而且违背诚信原则，根据《合同法》第 58 条的规定，合同无效导致张先生因房价上涨所产生的利益损失，应当由村委会承担。除按原价双方退房退钱外，应对门面房市场价评估，将房屋差价赔偿给张先生，这样才是合法合理公正的判决。

争点热评

城中村是我国的特色，已纳入城市规划区域，被城市包围成为城市的一部分。村民的身份大多数已经转化为城市居民身份，大部分土地被征收为国有土地，而房屋占用的土地还属于集体所有，即使不办理房产过户登记，也挡不住集体土地上的房屋交易。由于房价上涨，原房主往往以购房人不是本村村民为由，提起诉讼要求返还房屋，引发诚信危机。2015 年以来，国家推行集体建设用地使用权和房屋改革，对盘活农村资产起到了良好作用。2019年修改的《土地管理法》，鼓励农村集体组织及其成员盘活利用闲置宅基地和闲置住宅，允许经营性集体建设用地使用权有条件上市，打破了只有国有建设用地使用权可以上市的局面。当然如何实施还需要一个过程。

《民法典》第 143、144、146、153、154 条等条款对民事行为的效力进行了规范，对《民法通则》和《合同法》的相应条款作出调整，但是基本内容和无效的法律后果变化不大，诚信原则仍是民法的基本原则。近几年来，各地法院在审理类似案件时达成了共识，诚信者应当得到保护，失信者应当受到谴责，逐步彰显法治的公平正义。

95 诚信的力量

【基本案情】

2016年4月，李女士与西安某房地产公司签订了《内部认购协议》，约定7折优惠，房地产公司将一套200平方米商品房以120万元的价格出售给李女士，李女士一次性支付了房款。2018年初，房地产公司与李女士协商，要求李女士退房，李女士不同意；同年2月，房地产公司向长安区人民法院起诉，请求法院依法判令《内部认购协议》无效，理由是该商品房至今没有办理商品房预售许可证。长安区人民法院开庭审理后，确认该商品房没有办理商品房预售许可证，判决《内部购买协议》无效。此案一经宣判，立即引起社会媒体的广泛关注。李女士提起上诉，同年8月，西安市中级人民法院判决《内部认购协议》有效，撤销了长安区人民法院的一审判决。

【法理精析】

购买商品房应当签订商品房买卖合同，如果是预售商品房的，房地产公司还应当取得商品房预售许可证，这是《城市房地产管理法》第45条的规定，其立法目的是规范房地产公司的行为，保护购房人的合法权利。根据《最高人民法院关于审理商品房买卖合同纠纷案件适用法律若干问题的解释》第5条的规定，认购等协议具备商品房买卖合同主要内容的，该协议应当认定为商品房买卖合同。很显然本案中的《内部认购协议》应当属于商品房买卖合同。同时该司法解释第2条规定："出卖人未取得商品房预售许可证明，与买受人订立的商品房预售合同，应当认定无效，但是在起诉前取得商品房预售许可证明的，可以认定有效。"长安区人民法院应当是基于此规定，判决《内部认购协议》无效的。该判决看似合法，其实有悖法理。房地产公司往往在不具备预售资格时违法预售商品房，如果商品房烂尾，将严重损害购房人的利益，所以预售是房产管理部门监管的重点。上述司法解释第 2 条的规定，仍然是在保护购房人的权益，防止房地产公司实施违法行为。而在本案中，房地产公司为了自己的利益，迟延申请办理商品房预售许可证，违背诚信原则反而提起诉讼，利用司法解释规定达到非法目的。一审法院的判决显失公平，违背立法目的，引起社会民愤，应当予以纠正。正因如此，二审法院根据诚信原则，守信者应当褒奖、失信者不应得利，判决撤销了一审判决，还社会一个公道。

争点热评

由于民间借贷危机，银行收紧银根，2016 年房地产市场销售下滑，房地产公司为了回笼资金，以内部价的名义，打折销售商品房，签订《内部认购协议》。由于各地政府救市，2018 年房价反弹，购销两旺，房地产公司反悔，企图钻法律漏洞，牟取自己的私利，上演了一场司法闹剧。本案再次证明"法是公正善良之术"，但是法官是法律殿堂的"国王"，如果法官不谙熟法律，或者故意曲解法律，或者存有私念，司法公正的天平就会倾斜。

2019 年 8 月 26 日修改后的《城市房地产管理法》以及相关司法解释，对商品房预售制度及预售商品房买卖合同的效力认定保持不变。商品房预售制度可以说是房地产市场的灵魂，像按揭购买商品房制度一样，也是房地产市场快速发展的催化剂，但是在经济发展稳字当头、稳中求进总基调下，商品房预售制度自然会起到调节作用。

96 从指导性案例透视房地产市场的冰山一角

【基本案情】

2016 年 12 月 28 日，最高人民法院审判委员会发布第 15 批指导性案例，其中第 72 号案例涉及房地产：汤某等四人诉新疆鄂尔多斯 YH 房地产开发公司（以下简称"YH 公司"）商品房买卖合同纠纷案。因出借款项、购买债权等事由，汤某等四人作为债权人，2013 年先后与 YH 公司签订借款合同，YH 公司累计欠付汤某等四人 2.6 亿元债务，同时签订多份商品房预售合同并备案。后因 YH 公司无力还款，双方对账本息高达 3.6 亿元，随后双方签订商品房买卖合同，约定将 YH 公司名下的房屋出售给汤某等四人，将上述本息转化为房款，剩余购房款 3800 万元待办完转移登记后一次性支付给 YH 公司。双方约定交房日期为 2014 年 9 月 30 日。后因 YH 公司没有按期交房，汤某等四人向新疆维吾尔自治区高级人民法院提起诉讼，请求 YH 公司支付违约金 6000 万元，律师费等费用 41 万元。一审法院判决：YH 公司向汤某等四人支付违约金 920 万元，律师等费用 41 万元。YH 公司不服，提起上诉。经审查，双方对账显示，借款利息月息分别为 3% 和 4%，逾期利息 10%，并计算复息。2015 年 10 月 8 日，最高人民法院作出终审判决，撤销新疆维吾尔自治区高级人民法院的一审判决，驳回汤某等四人的诉讼请求。

【法理精析】

本案的裁判结果、裁判要点和裁判理由已成定论，不是我们讨论的重点，而是要通过本案透视房地产市场的冰山一角。当房地产公司出现资金链紧张、融资难时，可能向民间高息借贷，民间放贷人认为有利可图，可能低价收购债权，与房地产公司签订高额利息的民间借贷合同。放贷人为了保障债权的实现，需要房地产公司提供担保，这种担保通常不是正常的抵押担保，而是变相地签订商品房买卖合同并备案。此时出现两个法律文书，即民间借贷合同和商品房买卖合同，也可以说是阴阳合同，前者为阴，后者为阳。

当债权到期无法偿还时，放贷人要求以物抵债，如果房地产公司认可，就隐瞒借贷关系，承认商品房买卖关系，将备案商品房转让给放贷人；如果房地产公司不认可，放贷人提起诉讼，要求交付备案商品房并承担违约责任，而房地产公司提出抗辩，认为名为商品房买卖合同，实为民间借贷担保行为，违背《物权法》第 186 条和 2015 年施行的《最高人民法院关于审理民间借贷案件适用法律若干问题的规定》第 24 条的规定。还有一种情形，就像本案，当无法清偿到期债务时，借贷双方重新对账结算，签订新的借款合同或商品房买卖合同。

这里有四个法律问题需要审查：一是应当对借贷合同是否违背《最高人民法院关于审理民间借贷案件适用法律若干问题的规定》规定的利息限额进行审查；二是对备案商品房买卖合同是担保关系还是买卖关系进行审查；三是对重新签订的商品房买卖合同或者备案商品房买卖合同的效力进行审查；四是如果重新签订商品房买卖合同的，备案商品房买卖合同是否应当解除也应当进行审查。

争点热评 ▶▶▶▶▶▶▶▶▶▶▶▶

本案的事实发生在 2013 年至 2014 年，正是银行收紧银根，民间借贷纠纷在房地产市场集中爆发时期。高额利息的民间借贷压得房地产开发商喘不过气来，是导致部分房地产公司"窒息"的祸根。而放贷人往往也得不到资金的回报，得到的是未竣工的楼盘，可以说是两败俱伤。以前笔者曾经说过，高昂的民间借贷已经超过房地产开发的利润，违背了经济发展规律，终究不能持久。

不同于《物权法》第 186 条的规定，《民法典》第 401 条明确，抵押权人在债务履行期限届满前，与抵押人约定债务人不履行到期债务时抵押财产归债权人所有的，只能依法就抵押财产优先受偿。这是新法对禁止流押的规定作出的适当调整，并不禁止债务履行期届满后，抵押权人（债权人）与抵押人（债务人）重新签订新的抵偿协议。作为非典型担保，2015 年施行的《最高人民法院关于审理民间借贷案件适用法律若干问题的规定》第 24 条（2020年第二次修正之后是第 23 条）对商品房合同备案与民间借贷的关系进行了规范。而本案起初把商品房买卖合同备案作为抵押担保，而后又重新订立商品房买卖合同，是合同变更的意思自治的民事行为，法律并未禁止，更符合《民法典》立法本意。

97 京城女子十年办证路

▶【基本案情】

北京的周女士老家在河南，2010 年通过亲戚介绍，相中刘先生出售的一套许昌市某小区的商品房，毛坯房价格适中，周女士委托母亲陈女士购买。刘先生表示，因自己还没有办理房产证不能直接过户，双方可以到房地产公司重新签订商品房买卖合同。于是陈女士和刘先生一起来到房地产公司。经审核，房地产公司收回了和刘先生签订的商品房买卖合同，与陈女士重新签订了商品房买卖合同，并出具了不动产专用发票等手续。刘先生收到房款后，将该房屋交付给陈女士。所有购房等相关手续的签名均为陈女士代签，名字是周女士。周女士依法纳税，将房屋装修后，由父母居住；刘先生也已失联，周女士常年在北京居住，虽然多次请亲戚朋友帮忙，但是房产证迟迟办不下来，一拖就是十年。

2020 年夏天，周女士专程回许昌办理房产证，当她拿着购房手续来到办事大厅不动产登记窗口，申请办理不动产权证时，被告知手续不齐全，不能办理。原因是周女士购买的商品房备案合同还在刘先生名下，需要注销备案后才能办理。找不到刘先生，房地产公司经办人员也已经调换，刘先生的合同备案无法注销。办证手续走进了死胡同，周女士请律师打官司，请求人民法院撤销刘先生的商品房买卖合同备案。通过法庭调查，查明刘先生已经过世，家人也不愿参加诉讼，一审法院以商品房买卖合同备案行政行为合法为由，判决驳回周女士的诉求，而二审法院以被告不适格为由维持了一审判决。无奈之下，周女士找到了笔者，请求帮助解决。通过对整个案情分析，释法说理，多方协调，房地产公司出具了情况说明，终于化解了周女士的办证难题。一周之后，周女士在北京收到了盼望已久的邮寄到的不动产权证。

【法理精析】

周女士办证难的症结是刘先生的商品房买卖合同备案。商品房买卖合同备案是指签订商品房预售合同之日起 30 日内，房地产公司向房产管理部门提出申请，后者予以办理的备案行为，目的是防止房地产公司一房多卖。但是商品房买卖合同备案如何注销，却没有相应的法律规定。通常需要先解除商品房买卖合同，再申请办理注销合同备案。周女士虽然穷尽了司法途径，因刘先生已经过世，注销合同备案难以实现。

根据《合同法》第 4 条的规定："当事人依法享有自愿订立合同的权利，任何单位和个人不得非法干预。"《中华人民共和国民法总则》第 5 条的规定："民事主体从事民事活动，应当遵循自愿原则，按照自己的意思设立、变更、终止民事法律关系。"这就是民法的意思自治原则，法无禁止皆可为。之前房地产公司与刘先生签订了商品房买卖合同并备案，2010 年刘先生、周女士和房地产公司三方达成新的协议，刘先生退出购买商品房，房地产公司将商品房出售给周女士，重新签订商品房买卖合同。即使刘先生的合同备案没有注销，但是刘先生与房地产公司的商品房买卖合同已经解除，备案名存实亡，周女士是该房屋的唯一权利人。周女士购买的是已竣工的商品房，商品房买卖合同不需要备案，而且合同备案不是合同生效的要件，无论刘先生和房地产公司是否从中获利，均不影响重新签订的商品房买卖合同效力。周女士所购商品房产权清楚，无争议且手续齐全，符合《不动产登记暂行条例》之规定，办理不动产登记合理合法。

争点热评

2010 年国务院相关部门出台调控措施，限制炒房，但是并没有抑制住房价的上涨。周女士看到北京房价居高不下，就想到在老家买房，虽然最终取得了不动产权证，但却经历十年办证风波。房地产市场法律风险常在，购买商品房决不能图便宜，否则就会带来不必要的麻烦，更有甚者鸡飞蛋打，望楼兴叹。

　　《民法典》保留了《民法总则》第 5 条的规定，秉持民法的意思自治原则。但是在涉及行政行为时，行政机关的惯性思维可能会阻却民事行为，不经意间会让你走上艰难的维权之路。

　　行政行为，法有规定方可为；民事行为，法无禁止皆可为。如何处理好行政行为与民事行为的关系，是行政机关经常面对的问题。现代法治社会的理念是，限制公权力，保护私权利，唯有如此，公民的权利才能得到基本保障。

98 赢了官司 输了房子

【基本案情】

谢女士打了一场房产官司，官司赢了却满肚子烦恼，欲提起上诉。2013年，谢女士以 30 万元的价格购买了一套商品房，合同约定 2014 年底交房，房地产公司自交房之日起 360 天内协助谢女士办理房屋登记。谢女士装修（装修费 15 万元）并居住后，房地产公司迟迟不协助办理房产证，谢女士聘请律师提起诉讼，请求解除商品房买卖合同、承担违约责任。2016 年 6 月，一审法院判决：一是解除双方签订的商品房买卖合同，谢女士退还房屋，房地产公司返还购房款；二是房地产公司支付谢女士总价款日万分之二的半年违约金。

【法理精析】

商品房竣工交付后，因房屋初始登记手续还不完善，有些房地产公司无法在约定的期限内协助业主办理房产证，办证违约屡见不鲜。遇见此种情形，购房人往往是与房地产公司协商如何赔偿，很少有提起诉讼解除商品房买卖合同的。原因是房地产公司资金已经回笼，而且房价不断上涨，打官司解除合同房地产公司并不担心。搞不好就像本案，购房人虽然赢了官司，但是装修费加上房价上涨等因素，等于一套房子损失了 30 万元，谢女士如何不烦恼！

司法救济是维权人的最后途径，而不是最佳途径，购房人应当慎重。

本案诉讼的最大问题是，只考虑按照合同约定解除商品房买卖合同，追究房地产公司的违约责任，没有考虑到按照《合同法》第 97 条的规定，还应当追究房地产公司因解除合同给谢女士造成的损失。所以，本案在起诉时遗漏了一个重要的诉讼请求，即赔偿损失，并按照起诉时商品房市场价，对涉案装修房屋进行评估，将评估价减去 30 万购房款后的剩余款项赔偿给谢女士。谢女士作为胜诉者提起上诉，既不符合《民事诉讼法》的程序，也没有实际意义，只有另行提起诉讼，请求房地产公司赔偿损失。笔者分析，谢女士既无法上诉也不想重新起诉，更不想解除商品房买卖合同，只想与房地产公司协商处理。看来，谢女士白打了一场官司，判决书很可能成为一纸空文。

争点热评

　　房地产公司与购房人签订商品房买卖合同，虽然是河南省工商行政管理局和省建设厅监制的合同文本，但是合同的主要内容由房地产公司填制，存在大量格式条款。对于办理房屋登记及违约责任等重要条款，通常情况下合同约定房地产公司于交房后 180 天或 360 天内协助办理，逾期违约金按总价款的日万分之一或万分之二计算。如上所述，房地产开发建设受多种因素影响，逾期办理房屋登记的也不在少数。如果房地产公司只是房屋登记逾期违约，解除商品房买卖合同不是上策，要求房地产公司承担违约责任才是明智之举。所以，请律师打官司，需要权衡利弊。

　　《民法典》基本吸收了《合同法》的相关内容，《合同法》及其司法解释已经废止，但是《最高人民法院关于审理商品房买卖合同纠纷案件适用法律若干问题的解释》仍然有效，是审理商品房买卖合同纠纷的重要依据。房地产纠纷的判决书成为一纸空文的情形时有发生，要么因为显失公平，要么因为无法执行或无法协助执行，这是对司法资源的浪费。

99 执行难 路漫漫

【基本案情】

2014 年，马女士提起诉讼；2016 年中级人民法院终审判决维持原判，判令被告庞先生偿还马女士民间借贷本息 90 万元。2017 年，马女士向人民法院申请，请求对被查封的庞先生名下的房产进行强制执行，庞先生之女提出的执行异议被驳回；同年，庞先生前妻刘女士提出执行异议，被人民法院裁定驳回后，刘女士提起了执行异议之诉。2018 年 2 月，人民法院判决驳回刘女士执行异议之诉，刘女士不服提起上诉；同年 8 月，中级人民法院终审判决驳回上诉，维持原判；刘女士仍不服，申请再审，同年 12 月中级人民法院裁定立案。2019 年 12 月，中级人民法院裁定发回重审。2020 年 3 月，原审人民法院判决驳回刘女士执行异议之诉。刘女士不服，提起上诉。同年 10 月，中级人民法院终审裁定驳回上诉，维持原判。马女士申请恢复对庞先生名下房产强制执行，到 2021 年还没有执行终结。

【法理精析】

本案的争议焦点是，民政局离婚协议能否排除强制执行被执行人名下的房产。2010 年庞先生和刘女士通过民政局协议离婚，离婚协议约定将婚内庞先生名下一处房产归刘女士所有（婚内刘女士名下一处房产，协议没有约定）。诉争房产是以庞先生名义按揭贷款购买的商品房，房屋登记在庞先生名下，还有少部分贷款没有结清，刘女士没有办理过房产过户登记。2014 年马女士申请诉前保全查封诉争房产，2017 年申请人民法院强制执行时，引起了上述一系列的民事诉讼。

刘女士提供的证据是民政局离婚协议，理由是《最高人民法院关于人民法院办理执行异议和复议案件若干问题的规定》第 28 条的规定："金钱债权执行中，买受人对登记在被执行人名下的不动产提出异议，符合下列情形且其权利能够排除执行的，人民法院应予支持：（一）在人民法院查封之前已签订合法有效的书面买卖合同；（二）在人民法院查封之前已合法占有该不动产；（三）已支付全部价款，或者已按照合同约定支付部分价款且将剩余价款按照人民法院的要求交付执行；（四）非因买受人自身原因未办理过户登记。"而马女士提出抗辩：其一，刘女士是协议离婚，不适用上述司法解释第 28 条之规定。其二，离婚协议不具有物权效力，不能对抗人民法院的强制执行裁定。即使按照《婚姻法》的规定，离婚房产没有分割过户的仍属夫妻共同财产，人民法院还可以对一半诉争房产强制执行。其三，诉争房产登记在被执行人庞先生名下，结清按揭贷款完全可以办理房产过户登记，查封之前刘女士未依法履行义务行使权利，自己应当承担过错责任。

上述司法解释第 28 条规定的是金钱债权执行中，二手房买卖合同的购买人排除强制执行的法定情形。在本案中，离婚协议不是二手房买卖合同，执行异议人也不是购房人，缺乏适用第 28 条的前提条件。同时，民政局离婚协议并不是司法文书，不具有物权效力，如果是人民法院判决书或调解书，即使不办理房产过户登记，也可能排除强制执行。按揭贷款购买商品房，银行是抵押权人，对商品房有优先受偿权，抵押人办理房屋登记后转让前，结清银行本息的，可以办理房屋过户登记，但是在 2014 年查封之前刘女士却丧失良机。

争点热评

本案也属执行异议之诉疑难案件之一，一审人民法院认为刘女士的诉讼请求不能成立，二审人民法院维持一审判决；而刘女士申请再审，再审后又发回重审，司法程序穷尽，可谓一波三折。案外人执行异议之诉是对案外人的法律救助，是对执行程序错误的一种制衡，而且适用于民事诉讼普通程序，但是与破解执行难形成了反作用力，致使好多执行案件久拖不决，不能不让人反思。

100 异议难　法难断

【基本案情】

2000 年 5 月，禄女士以 3.5 万元市场价，购买亲戚秦先生一套 56 平方米未办证房改房，并一直在该房屋居住。2005 年，秦先生办理了房产证后，禄女士要求办理房产过户登记，秦先生借故推辞，后来染上赌博恶习，停薪留职不知去向。2012 年之后秦先生隐瞒禄女士，将案涉房屋进行两次民间借贷抵押，第一次偿还贷款后，2013 年 3 月又因民间借贷 13 万元，将案涉房屋抵押给刘先生并办理了抵押登记。因秦先生无力还贷，2019 年刘先生申请人民法院强制执行时，禄女士才得知案涉房屋对外抵押担保。同年 4 月 2 日，禄女士申请执行异议，4 月 23 日人民法院依据《最高人民法院关于人民法院办理执行异议和复议案件若干问题的规定》（简称《执行异议规定》）第 28 条的规定，依法裁定支持禄女士的执行异议请求，中止刘先生对案涉房屋申请的强制执行。刘先生不服，提起执行异议之诉，2020 年 3 月人民法院以同样理由判决驳回刘先生的诉讼请求。刘先生不服，提起上诉，同年 8 月中级人民法院依据《执行异议规定》第 27 条的规定："申请执行人对执行标的依法享有对抗案外人的担保物权等优先受偿权，人民法院对案外人提出的排除执行异议不予支持，但法律、司法解释另有规定的除外。"支持了刘先生的上诉请求：撤销一审判决，驳回禄女士排除执行的诉讼请求。2021 年禄女士申请再审，中级人民法院不予立案；申请人民检察院抗诉，几经周折也未能如愿。

【法理精析】

本案争议的焦点是禄女士的物权期待权能否对抗刘先生的抵押权。2000年禄女士购买案涉房屋一直居住至今，因出卖人秦先生的原因禄女士没有办理房产过户登记。根据 2007 年施行的《物权法》规定，禄女士虽然没有取得房屋所有权，但是禄女士事实上已经是案涉房屋的实际权利人，这时的权利，法学界称为买受人的物权期待权。本案中，无论刘先生主观上是否善意，都掩盖不了出卖人秦先生恶意抵押房产的事实，而禄女士是案涉房屋的善意购买人，准物权人。

一审人民法院经审理认为，禄女士的诉求符合《执行异议规定》第 28 条的规定，判决禄女士有权排除刘先生对案涉房屋的执行。而二审人民法院经审理认为，刘先生符合《执行异议规定》第 27 条的规定，判决撤销原判，驳回禄女士的执行异议诉讼请求。

本案要从《执行异议规定》制定的目的，并结合《执行异议规定》第 27、28 条进行综合分析判断。按照民法一般原则，物权优于债权，也就是说刘先生的抵押权应当能够对抗禄女士的债权。但是有原则就总有例外，之所以制定《执行异议规定》，就是因为存在排除一般物权的例外情形。禄女士购买案涉房屋后居住 20 多年，案涉房屋是维持其生活的基础，其物权期待权应当受到保护，其权利是可以排除一般抵押权的优先受偿权。2005 年施行的《最高人民法院关于人民法院民事执行中查封、扣押、冻结财产的规定》（后于 2008 年调整、2020 年修正）第 17 条就有相关问题的规定。2015 年施行的《执行异议规定》第 27、28 条对此进一步予以规范和细化。

《执行异议规定》第 27 条的前半部分是物权优于债权的一般规定，后半部分"但是法律、司法解释另有规定的除外"是特别规定。由人民法院出版社出版，江必新、刘贵祥大法官主编的《最高人民法院关于人民法院办理执行异议和复议案件若干问题的规定理解与适用》一书第 391 页第一段，在分析第 27 条时指出："案外人对执行标的尚未取得所有权，但享有应向其交付的债权请求权的，除法律、司法解释明确规定能够阻止执行的情形外（例如，本司法解释第 28~30 条，《最高人民法院关于建设工程价款优先受偿权问题的批复》第 2 条等），案外人对执行标的的债权请求权，原则上不能阻止执行，也不能对抗申请执行人的优先受偿权。"很显然《执行异议规定》第 28 条的规定，就是第 27 条后半部分规定的"司法解释另有规定的除外"情形之一，所以禄女士的物权期待权完全可以排除刘先生对案涉房屋的执行。《执行异议规定》适用特别条款优于一般条款，相当于同一位阶法律特别法优于一般法的原则。

争点热评

　　前一个案例和本案例均属于执行异议之诉疑难案件。案情虽然不同，但是案件的导火索相同，均是 2013 年前后引发的、由民间借贷合同纠纷导致的执行异议之诉。最近笔者经常在"学习强国"《看法治》栏目收看庭审现场直播，其中不少是最高人民法院执行异议之诉终审或再审案件，说明执行异议之诉难度之大。争议的焦点，法律部分主要集中在对《执行异议规定》的理解上，事实部分则五花八门。有的不能正确理解商品房买卖合同备案和商品房预告登记、国有土地使用权变更登记和国有土地使用权转移登记，有的甚至不能正确区分商品房买卖和二手房买卖，等等。

　　解决此类案件纠纷的难点是如何正确理解《执行异议规定》，而《执行异议规定》也有歧义之处，比如，没有明确区分商品房执行异议和二手房执行异议，没有明确区分买受人明知的房屋抵押权和未知的房屋抵押权执行异议，没有规范夫妻财产执行异议等。另外，执行异议之诉适用普通程序，审理过程漫长，也需要进一步在立法和实践中改善。

写在下篇后面的话

　　中国人有一个传统观念，"屈死不打官司"，说明遇见官司，不是什么好事。但是，现代社会中谁也不能保证一辈子不打官司。我常想，打官司遇见一个好法官，是当事人的福气。法官像裁缝，裁判书像裁制的衣服，有的天衣无缝，有的漏洞百出；法官又像厨师，裁判书就像一道菜，有的色香味俱全，有的难以下咽。祝大家好运！

　　100 个房地产案例分析到此结束，每一个案例分析也像一道菜，是好是坏，请读者评判。

李国喜

2022 年 6 月 15 日修改定稿

后 记

从一次对话开始

2021 年 11 月 30 日，星期二下午，我和田迎旗先生在办公室饮茶聊天。西斜的阳光透过双层保温玻璃窗照了进来，虽是冬季，室内如春。田先生是资深知名记者，曾经负责宣传和新闻工作，阅历丰富，改行从事房地产管理工作后，和我是同行，都要到退休的年龄了，工作上没什么压力，是无话不谈的好朋友。

田先生： 国喜你是房地产法律专家、公职律师，又从事房地产管理工作，在报刊电台解读过很多房地产案例。像你这种情况，全国也很少，何不写一本这方面的书？

我笑道： 我有两个 100 的打算，一个是自书诗帖 100 首，用小毛笔写自己的 100 首诗，装订成册，学北宋林逋《自书诗帖》；另一个是整理 100 个房地产案例分析，也出一本书。这些等到退休后再写。

田先生： 诗是你自己玩的，对社会影响不大。房子的事太多，牵扯到千家万户，好多人又不懂，很需要这方面的知识。等到退休后再写就晚了，不就白白浪费退休前的一年时间吗？

一番对话引起了我的沉思，也坚定了我的信心。

我曾经对田先生开玩笑说，古希腊苏格拉底和中国的孔子等先贤的哲学思想，都是在对话中产生的。我们虽不是圣人，但朋友间的谈话，有时也能碰撞出智慧的火花啊！

感受最深的两次大学课堂

2013 年 9 月，河南省住建厅在西北政法大学组织全省建设执法人员培训，休息期间我来到老校区参观。循着讲课声，我从后门进了教室，在后排空位坐了下来。一位女教师在讲授房地产法，听课的学生年龄有大有小，一问才知道是研究生班上课。可巧还与我有关呢。我听了一会，发现课程与实际脱节，有的内容已经过时。当时我就想，房地产市场发展真快呀，连教科书都赶不上。我曾经把这次经历给我在大学当老师的妹妹李博讲过，妹妹说：是的，大学课程更新很慢，有的专业不可能研究得很到位。法律是制度建设，修改完善需要程序，教科书的修改也需要一个过程，而法规和规章具有实用性，老师们又不在实践中具体操作，难免出现脱节。

2017 年 11 月 8 日，受时任许昌学院法学院党委书记唐战立教授邀请，我为法律专业的同学们讲授房地产法。我是欣然接受的，当老师是我曾经的梦想，却阴差阳错地当上了兵，学上了医学，而且在部队一干就是二十年。唐书记说：李老师，你给三年级同学讲，一二年级听不懂。我当时还很纳闷。上课时，我还带上我在《许昌日报》做的案例分析，给大家讲授房地产法。课后发现，同学们没有完全听懂我讲授的内容，反而对我的经历、对如何考取国家法律职业资格蛮感兴趣。原来，法学本科生主要学的是民法、刑法、行政法等重要部门法，对于房地产等经济法，学的只是基本原理，课时少，课堂上很难和实践相结合。看来，唐书记的话不无道理。

实现第一个梦想

2007 年我考取了国家法律职业资格，2010 年取得了河南省首批公职律师证，有幸成为河南省住建厅房地产法律专家组成员，代表省住建厅对全省各市、县房地产管理进行检查验收。同时，借助当时苏豫两省房地产协会交流的契机，学习江苏省同仁们的先进经验。通过这些工作，我认识到，一定要跳出部门法而学法，要在法理学的框架下学习房地产法，结合工作实际学法。正所谓，法之理在法外。

2010 年 10 月，我代理市住建局到省高级人民法院参加行政诉讼案件再审，此时公职律师制度刚刚实施，主审法官有些诧异，接过我的公职律师证反复查看。庭后，主审法官饶有兴趣地和我探讨商品房按揭和抵押问题。此事对我触动很大，十多年过去了，记忆犹新，催生了我决心做房地产专业化律师的梦想。

2018 年 2 月的一个上午，我来到河南省著名的一个律师事务所，和律所主任探讨职务犯罪法律事务。时间还早，主任还没上班，保洁人员正在打扫办公室。闲来无事，我信步来到律师办公区，被一个年轻漂亮的女律师拦着说，这里是律师办公区，请不要进。我笑道，我也是律师呀！是房地产公职律师，你们这里有没有房地产部？女律师答道：没有，我们有经济部。我又问道：你有医疗部吗？女律师不再理睬，任由我参观。律所使用了写字楼的一个整层，装修布局富丽堂皇，进出的律师个个一表人才，气宇轩昂。我就纳闷，这么大的律所，怎么没有一个房地产部呢！这多少有点让人遗憾，不然，我也能和他们交流一下。相信北上广深这些大城市的律所已经专业化了，19 世纪的美国就已经有专业化的律师了，我们河南到今天还没有专业化吗？正想着，时间到了。

朝着另一个梦想走去

2000 年从部队转业到地方以来，由于机构改革，我先后在市房管局、市住建局、市国土局和市自然资源规划局等房地产管理部门任职，负责房屋登记、不动产登记和法制工作，经常参加住建部和省住建厅、国土资源厅、许昌仲裁委等机构组织的法律培训，有机会聆听到国内一流政法院校、最高人民法院大法官等老师的授课，虽然不是系统地学习，但受益匪浅，也从中感受到每个老师、每个大学的魅力所在。老师传播法理，彰显人间道义，使我仿佛回到了青少年，感受到知识就是力量，并为此赋诗。20 年来，我养成了收集整理研究《人民法院报》刊登的，以及我本人经手的房地产案例的习惯。在报刊、电视台分析房地产案例，普及房地产法律知识，化解疑难问题。同时，笔者以公职律师身份代理市房管局、市住建局、市国土局的案件，积极参与房地产纠纷案件应诉，密切观察房地产动态以及媒体报道的房地产典型案例，关注国家立法进程。

随着国家经济发展模式的转变，科技创新、生态保护已成为经济发展的重心，房地产市场已经转型，正朝着稳健的方向发展。此次转型，虽然有部分房地产企业倒闭出局，但是房地产产业的资本容量和地位是不可动摇的。它关乎全社会和每个公民，作为一种特殊商品，房地产涉及的经济、法律等问题是十分广泛的。《民法典》的出台及相关法律的修改，正是研究房地产法律、解决房地产纠纷的大好时机。

我常常向朋友发问，人生有几个 20 年？如果能健康生活 80 年，完美的人生只有 4 个 20 年。我笑道，我已经度过了 3 个 20 年：老家生活学习 20 年，部队当兵 20 年，转业工作 20 年。我常想，有些知名的法律人好像也是军人出身，像美国的汉密尔顿，英国的丹宁勋爵，中国的张思之、朱苏力、杨立新等教授，当然我不能和他们比，只是发现了这种现象，但我作为普通人，一样可以努力为社会做出自己应有的贡献。这是题外话。本来计划退休之后再写这本书，看来不能再等了，不能把退休前的一年时间白白浪费。几天来，往事不断涌上心头，千头万绪，夜不能寐。我决定改变以前的设想，重新规划书的结构，尽量做到文字优美通畅，法理易懂，体现公平正义，具有个人观点，大众喜闻乐见。虽然水平有限，难免有漏洞之处，也管不了那么多了。

李国喜

2021 年 8 月 6 日

2022 年 4 月 19 日、5 月 31 日修改

图书在版编目（ＣＩＰ）数据

揭开房地产法律之面纱：房地产与法十大关系百例分析/李国喜著. —北京：中国政法大学出版社，2023.5

ISBN 978-7-5764-0940-6

Ⅰ.①揭…　Ⅱ.①李…　Ⅲ.①房地产法－案例－中国　Ⅳ.①D922.181.5

中国国家版本馆CIP数据核字(2023)第101724号

出　版　者	中国政法大学出版社
地　　　址	北京市海淀区西土城路 25 号
邮寄地址	北京 100088 信箱 8034 分箱　邮编 100088
网　　　址	http://www.cuplpress.com（网络实名：中国政法大学出版社）
电　　　话	010-58908289(编辑部) 58908334(邮购部)
承　　　印	固安华明印业有限公司
开　　　本	720mm×960mm　1/16
印　　　张	15.25
字　　　数	245 千字
版　　　次	2023 年 5 月第 1 版
印　　　次	2023 年 5 月第 1 次印刷
定　　　价	65.00 元